JN186139

帯の伊勢丹 模様の伊勢丹

ファッションの伊勢丹創業者・初代小菅丹治

飛田健彦

Obi no Isetan Moyou no Isetan

国書刊行会

帯の伊勢丹 模様の伊勢丹

Obi no Isetan Moyou no Isetan

ファッションの伊勢丹創業者・初代小菅丹治

飛田健彦

国書刊行会

初代小菅丹治

創業時の伊勢屋丹治呉服店（1886 年）

御守殿模様（1901 年）

伊勢丹百貨店新宿本店（1933 年）

伊勢丹百貨店新宿本店正面玄関（1933 年）

伊勢丹百貨店新宿本店概観（1933 年）

帯の伊勢丹　模様の伊勢丹　目次

一　暖簾分け

丁稚からのスタート

「伊勢又さんて、眼鏡橋のところの伊勢又さん？」

「さようでございます」

「はて、こんな大きな息子さん、おられましたかな」

「私、伊勢又の長女の連れ合いでございます」

「ああ、華子《はなこ》さんの婿さんね。これはこれは、ああ、いや、大変失礼いたしました」

「申し遅れましたが、私、伊勢庄様のお許しをいただきまして、このたび眼鏡橋のそばで呉服太物《ふともの》店を始めさせていただくことになりまして」

「ほう、伊勢庄さんの暖簾分け？　それはそれは……」

「伊勢屋丹治でございます。十一月五日から、旅籠町二丁目四番地で呉服太物商いを始めさせていただきます。若輩者ですが、どうかお見知りおき下さいまして、今後のお引き立てのほど、よろしくお願い申し上げます。これは、ほんのお印《しるし》ですが……」

丹治は、ここでも相手が面くらった顔をしているのが可笑しかった。東京神田旅籠町でも名の知られた米問屋「伊勢又」の長女の婿が、養家を継がずに分家して、まったく畑違いの呉服太物店を始めようというのが、よほど奇異に映ったのだろう。呉服は絹織物、太物は綿や麻織物のことで、呉服太物店は高級呉服から庶民一般の普通品までを扱う呉服店のことである。彼は今でこそ米穀商小菅又右衛門の長女の婿であったが、元はといえば相模国《さがみのくに》円行村《えんぎょう》すなわち現在の神奈川県藤沢市の農家の出であった。

寛永十年に始まる鎖国令が解かれて、諸外国への開港がおこなわれた安政六年、相模国《さがみのくに》の山間《やまあい》の農家、野渡《のわたり》半兵衛とイチ夫婦の間に玉のような男の子が生まれた。丹治と名付けられたその子は、兄谷五郎、姉せき、妹たか、三男新蔵、四男半三郎、と多くの兄弟姉妹に恵まれて育ったが、半三郎は後《のち》に細田家を継ぎ、細田半三郎を名乗ることになる。半三郎が細田姓を名乗ったのは、細田家の家名の存続と先祖供養、並びに半三郎本人の徴兵逃れの狙いがあったからである。

この頃は国民皆兵であり、男子は満二十歳になると必ず兵役につかなくてはならなかった。しかし、徴兵に関する略則には兵役免除の範囲として、①一家の主人たる者　②身体矮小かつ天性虚弱あるいは宿病あって兵役に堪えざる者　③独子独孫　④父兄存すれども病気もしくは他の事故ありて父兄に代わり家を治むべき者　⑤もし父兄ことごとく戎兵《じゅへい》の籍にある者は、そのうち一人を免じ長兄予備籍に入る時に至り初めて役に服すべき事、とあり、徴兵回避の道が設けられていた。そのため、何でもない爺さま婆さまが、思い掛けなく、金持ちの息子の養子親になって仕合わせになることがあり、これを「徴兵養子」と称していた。半三郎の場合も、これと同じように養子となって戸主になったものである。

丹治の父半兵衛は、勤勉な百姓であったが好人物で、温厚で鷹揚な、のんびりした性格の人であった。母のイチはしっかり者で、頭がよく積極性があり、働き者であると同時に始末にもすぐれた人であった。農家の主婦にはめずらしく、読書を好み、早くから新聞をとって読んでいた。こういった両親の優れた性質は、丹治の中に色濃く受け継がれていた。両親と家族の愛に恵まれて田畑や山林を馳せめぐっていた幼子《おさなご》も、六、七歳ともなれば寺子屋に通い、家の手伝いを心掛けるようになる。そして明治四年、廃藩置県が断行された年、貧乏人の子沢山の例にもれず、丹治も小僧に出されることになった。

明治四年という年は、明治新政府の中央集権体制が確立した年ではあるが、国としての経済基盤はまだ弱く、農家の次男、三男以下に生まれついたのでは、同じ農家の養子に入るほかは、都市に出て商家に小僧奉公するか、職人の弟子になるしか将来の道はなかった。十二歳で小僧に出された丹治の奉公先は、本郷湯島三丁目にあった呉服店で、「本郷の伊勢屋」で知られた日野島庄兵衛の経営する「伊勢屋庄兵衛呉服店」通称「伊勢庄」であった。当時伊勢庄は、本郷通りに面して間口八間、奥に細長く百七十二坪の敷地に建つ呉服店で、越後屋、白木屋、大丸の三大老舗に次ぐ呉服店の一つとして広く知れわたっていた。小僧奉公は主家に同居し、衣類など一切の生活用品は支給される反面、小遣い銭以外に給料はなしである。その代わり一定の年限が来ると原則として主家の責任で別家させてくれることになっていた。

奉公に先立ち、丹治が両親に言い含められたことは次のようなものであった。

「ご奉公に上がれば、着るものも食べるものも旦那様が出して下さる。その上に、お前を一人前の商人に仕込んで下さる。有難いことだ。だからお前も、どんなに辛くても辛抱して、ご奉公第一に考えて、お店の役に立つ人間になりなさい。一人前の商人になるまでは、決して帰ってきてはなりません。たとえ帰ってきても家には入れないと覚悟しておきなさい」

月並みではあったが、これが両親から丹治に贈られたはなむけの言葉であった。こうして朝は星のあるうちに起き、夜は寝るのが深夜という奉公生活が始まった。

小僧の生活は夜明けとともに起き、外回りを掃き清めて水を撒くことに始まる。それが済むと店の掃除である。まずハタキを掛けて箒で掃き出したあと、雑巾掛けをする。もちろん便所と風呂場の掃除もある。このほか台所の大きな水甕が一杯になるまで、井戸端から手桶で何杯も水を運びこむ。奉公人はみな銭湯へ入りに行くが、主人一家は自分の風呂に入るから、夕方は、この風呂の水汲みもある。朝六時ともなれば早くも大戸を開いて開店準備、番頭さんの床片付けでようやく朝食になる。主食は白米だが、副食は朝が味噌汁と沢庵に決まっていた。昼は塩魚がつき、月に二回ぐらい別に刺身が膳に上ることもあった。夕食はひじきと油揚げ、または煮豆と豆腐が出た。食事のあとは手ぶらで立たないで、火鉢、煙草盆などを運んで自分の仕事場へ行く。算盤掃除、墨すり、お茶番、商品の出し入れと運搬などは小僧の仕事である。それをすませると、幼年の時は子守りや雑用、やや長じてくると倉庫での荷造りや荷解き、店での手伝いとなる。倉庫での手伝いは商品を覚えさせるためで、店での手伝いは客の顔や取引全般を覚えさせるためである。店の大戸をおろすのが夜の九時半頃、それから品物の後片付けや整理、大番頭の御用や御注文の品の截ち方見習いをし、賃縫所まで夜道を使い走りする。それから習字、算盤の稽古と休む暇もない。こうして一日の仕事が終わって寝床に入れるのが深夜一時過ぎ。先輩後輩の序列は厳しく、小僧部屋では先輩がすべて優先されるし、各部屋には手代の古参兵が監視の眼を光らせている。外出は一切禁止で、三日に一度ぐらい銭湯に行かせてもらうのが唯一の自由時間である。店の休みは元日の一日限り、あとの三百六十四日は営業である。

伊勢庄における丹治の仕事は、お守役として、主人の息子の寺子屋通いの付添いをすることから始まった。寺子屋の授業は午前七時半から午後二時半までである。付添いを命じられた日、丹治は寺子屋までお供をすると、ただ待っているのではなく、窓から聞こえてくるお師匠様の話に耳を傾け、文字を地面に書いては新たな漢字を覚えていった。丹治は郷里の寺子屋で基本的な読み、書き、算盤は学んでいたが、それより上級編は学んでいなかったので、この寺子屋通いのお供は、小僧時代の丹治にとって又とない勉学の場となった。窓の内と外との違いはあったが、自分の知らない知識を主人の息子と同じように学びとることが出来たからである。丹治は伊勢庄に入ったその日から、先輩たち特に大人の話や行動に充分注意して、自分の人格形成と商人として大成するために必要なことは何でも身につけようとした。そうした努力が実って、丹治は同僚に先んじて商売に必要な基礎知識を身につけることが出来た。ほどなく丹治は、「うしろ方」の仕事に廻されることになる。「うしろ方」というのは、番頭達の後ろで待機している使い走りの小僧のことである。売り場は座売式で、入り口に向かって、一番から順に帳場がこしらえてあり、真上からは、番号と担当者の名前を書いた長い紙が垂れ下がっている。その下に、煙草盆を用意し、算盤と売上帳と硯箱を傍らに番頭が座っている。お客様は気の合いそうな番頭の前に座って欲しい物を注文する。例えば「御召が欲しい」という注文があると、番頭はお客様の懐具合を即座に判断して、独特な声をはりあげて「お召小中《めししょうちゅう》とう一《いち》」といったように、お客様には判らないその店独自の符牒でどなる。「とういち」は「とーいち」の訛り「トの一」で「上」、「いちとう」は「一のト」で「下」すなわち安物のこと。したがってこの場合は、「御召の小中柄の上等なところ」という意味である。「うしろ方」は「へい」と答えて、それを復誦しながら倉庫に行き、「お召小中とう一」と言うと、蔵番《くらばん》の者が「お召小中とう一」といって、沢山の反物を出してくれる。それを運んだり倉庫に戻したりする仕事が「うしろ方」である。番頭はそれを一本一本ひろげてはお客様にお見せする。そしてお気に召すまで、何回でも別の品物を運ばせては品選びをしていただく。この時に万一その品物がなかったり、また品切れだったりした時は、命令一下、「うしろ方」は裏口から尻を端折《はしょ》って問屋まで一目散。自動車はおろか自転車さえも無い時代だから、文字通り宙を飛んで馬のように駆けて品物を取ってくる。なにが辛いといって、この時の緊張と苦しさに勝るものはない。こうした仕事を半年ほどすると、次は品物をお届けする係に廻される。東京の地理と御得意様を覚えさせるためである。お得意様にお仕立物、或いはお買上げの反物を届けるとか、そういうようなことを半年ほどすると、外売りの下役になる。毎日のように箱車を引いて、番頭、手代のお供をして、お得意様廻りをするのである。朝の九時頃から出かけて夕方の五時か、六時頃に帰ってくる。それから持ち出した商品の帳消しをして、それぞれの品種のところに商品を戻し、翌日の準備、持ち出す商品の見分けをする。そのような仕事を数年間続けて手代への昇進を待つのである。番頭の地位は、そこからまだ遥かに遠く、多くの能力と経験が必要であった。

この伊勢庄呉服店は、当時、東京でも一流の呉服店で、店主は一代で身代を築きあげた人だけあって、優れた店員を養成することで定評があった。丹治はこの伊勢庄呉服店に、明治四年から十九年まで、都合十五年間奉公することになる。丹治は上役や店主の言動を注意深く観察し、常に「何でだろう」「なぜそうするのだろう」と意味や目的を自問自答することによって、より深く仕事を理解しようとした。こうして商売に関する知識や教訓を、日々の仕事の中から身をもって覚えていった丹治は、自ら学ぶ努力を重ねることによって、商人にとっての基本である商品知識と原価採算のとり方を身につけた。こうして同僚に先んじて才能を発揮するようになった丹治は、年限とともに手代に進み、店の中でも注目されるようになる。その後も丹治は、小成に安んじることなく益々一生懸命に働いたので、二十代半《なか》ばで番頭に推挙されることになった。彼が仕事を通じて学ぼうという意欲を強く持ち、常に一生懸命働いたのには訳《わけ》があった。彼が主人の息子のお供をして寺子屋へ向かった或る日、本郷通りで易者に呼び止められ、「君はじつにいい人相をしている。一日一俵の米をたべる大所のあるじになれる」と声をかけられたことがあったからである。丹治は辛いとき悲しいとき、この易者の言葉を思い起こしては仕事に励んだ。「当たるも八卦、当たらぬも八卦」とは言うものの、鄙《ひな》びた山村の出にもれず、伝手《つて》もなく、自分以外、何一つ頼るもののない丹治にとって、どれほどこの言葉が心の支えになったかは想像に難くない。こうして曲がりなりにも伊勢庄呉服店の番頭の末席に連なることになった野渡丹治は、羽織袴に威儀を正して、十年近くも顔を見せていなかった両親の許へ報告に帰った。その時の丹治は、かつての山出しの小僧ではなく、両親が他人だと勘違いして、

「どちら様でございましたか?」

と訊ねたほどの立派な青年になっていた。

小菅家への婿入り

商才にすぐれ、人柄もよく、そして礼儀正しい美青年であった丹治は、前途を見据えながら益々一生懸命に、精を出してお店大事に働いたため、店の内といわず、外といわず、非常に可愛がられもし信用もされることになった。そんな或る日のこと、丹治は主人に奥まで来るように呼ばれたのである。何事かと訝《いぶか》しく思いながら丹治が主人の前に座ると、思いもかけぬ話を切り出された。

「伊勢又さんを知っておるな?」

「はい、旅籠町でも大きな商《あきな》いをなさっている米問屋さんでございます。ご主人は小菅又右衛門様で、手前どもの店も大層なご贔屓にあずかっております」

「そうだ」

「それが何か?」

「あそこに年頃のお嬢さんが居るのを知っているだろう」

「存じております」

「実は、そのお嬢さんの婿養子にお前さんを、という伊勢又さんのお話なのだ」

「えっ、この私がですか？　ご冗談は止めて下さい」

「いやいや、お前がそう思うのも無理はない。先日、伊勢屋の小菅又右衛門さんが直々《じきじき》に来られて、お前さんの人物・才幹を見込んで、是非わが家の長女華子の婿に欲しいというお話なのだ。わしも、そろそろお前に住み込みではなく、通いを許そうと考えていたところだから丁度よい。決して悪い話ではないと思うので、ひとつ考えてみてくれないか」

「有難うございます。私にはもったいなくて夢のようなお話でございます。しかし、まことに有難いお話ではございますけど、私は呉服商いを一生の糧《かて》にしようと考えておりますので、どんな良いお話であっても、呉服以外のお話は気が重うございます。それに伊勢又様のお嬢様のご主人になられる方でしたら、私のような貧しい農家の次男坊ではなくて、家柄とか、財産とか、もっと立派な方々が沢山おられると思いますが」

「いや、お前さんの言い分はもっともだが、伊勢又さんは、ぜひにお前を、と言っておられる。理由はだな、伊勢又さんもお前と同じ農家のご出身なのだ。伊勢又さんは武蔵国《むさしのくに》浦和在《ざい》の農家の次男坊だ。若くして実業を志されて江戸に出た。初めは米商その他に奉公されて、有りとあらゆる艱難辛苦をなめられた。それでも夢を失わず懸命に働かれて、二十四歳の時にこの神田旅籠町に米商を開業されて、順次積み上げて今日の財をなされた。決して元からの大店《おおだな》ではない。だから奉公人の苦労も、婿養子の肩身の狭さもよくご存知だ。そのうえで伊勢又さんはお前さんを長女の婿に欲しいと言っておられる」

「たしか、伊勢又様には御長男様が居られたと思いましたが」

「そうだ。伊三郎さんが居る。だから、お前に米屋を継げというのではなくて、あくまでも長女の婿に欲しい、という話なのだ。婿入りしてからもお前は伊勢庄の番頭のままだ」

「さようでございますか。そういうことでございしましたら、私も考えさせていただきます」

こうして丹治の伊勢又への婿入りは決まった。明治十四年、伊勢庄に奉公に入ってから十年、丹治二十四歳、華子十八歳のときのことである。丹治は小菅家に婿入りするに当たって、同居ではなく、家計を別とした別家を望み、養家から徒歩十分の距離である神田三組町に新居を構えた。

小菅家の一員となった丹治は、義父小菅又右衛門が裸一貫から神田旅籠町に米商を開業して十数万の財をなした今日までの苦労を知り、この又右衛門こそ孝養をつくすべき義父《ちち》であると同時に、農家の次男という同じ立ち場の人間として、将来、自分も必ず乗り越えなければならない目標上の人物となったのである。そこで丹治は、衣食の奢りをいましめ、分限を守ることで独立に備えた。

野渡丹治から小菅丹治へと名前が変わってからも、丹治の奉公先は変わらなかった。新居の神田三組町から毎日、丹治は奉公先の本郷湯島の伊勢庄呉服店まで、徒歩十数分の道を歩いて通った。道すがら丹治は、かならず妻恋坂を上って妻恋神社に参詣すると、主家伊勢庄と小菅家の家運の長久ならびに皇室の安寧を願って頭《こうべ》を垂《た》れた。妻恋神社は、熊襲《くまそ》征伐で有名な日本武尊《やまとたけるのみこと》が東征の帰途、碓氷峠から東南を眺めて、荒海に身を投じて尊《みこと》と将兵達の命を救った妃《きさき》弟橘姫《おとたちばなひめ》を悲しみ、「あづまはや」と歎じた話に由来する神社である。「あづま」は「吾妻・吾孀」で「わが妻」を意味し、その昔は妻恋坂の下まで磯辺が寄せていたので、人々は尊《みこと》が兵船を繋いだといわれる台地を妻恋台と呼び、本営跡に尊《みこと》と姫とを合祀した。社領は一町四方に及び、徳川家康が献じたという由緒正しい神社である。

丹治が敬神尊皇の志に目覚めたのは、主人日野島庄兵衛に叱責されたのがきっかけであった。ある日、ちょっとした丹治の失策を庄兵衛は凄い勢いで叱りつけた。店員養成の名人といわれるだけあって、庄兵衛の叱責は年少の丹治には心底こたえた。もう店ではやっていけないと思いつめた丹治は、ついフラフラと店を飛び出して、あてどもなく彷徨したが、ふと気がついてみると皇居桜田門の近くであった。千代田のお濠の石垣は厳然として聳《そび》え、松の緑をうつすお濠の水は鏡のように光っている。荘厳なまでの静謐《せいひつ》の中に立ちつくした丹治は、その神々しさ、自然の美しさに心が洗われたようになって、先刻の主人の小言の意味が、氷が解けるように心の中に染《し》み入ってきた。畏れながら、この奥深くには万世一系の天子様がおわせられる。濠の水は静かに老松の緑をうつし、この濠の水、石垣、松の大木と三つ揃って揺るぎない平安をかたちづくっている。石垣ひとつとっても、大石小石が持ち合って立派に成り立っている。これは伊勢庄も同じことだ。旦那様のまわりに番頭さんがいて、手代がいて、私のような小僧がいる。一人一人それぞれが職責を果たしてこそ店の繁栄がある。自分も今はあの石垣の中の小さな石と同じかもしれないが、小さな石は小さいなりに与えられた責任を全うしなければ、店の信用は保てず、石垣はくずれてしまう。旦那様がお叱りになったのはごもっともだ。たしかに自分がいたらなかった。この千代田のお濠の前で目が覚めたのも神様のお導きだろう。丹治は覚醒の感にうたれて、決意も新たに店へと戻った。それ以来丹治は、心からの敬神尊皇の念を強く抱いて働くようになったのである。

丹治が十五年間の長きにわたり伊勢庄呉服店で基本的な呉服商人として修業を積むこと

が出来たのは、彼にとって大きな幸せであった。それは、伊勢庄呉服店の主人日野島庄兵衛が優れた人格者で卓抜した商人であったことと、経営が極めて進歩的で、正しい商道に則《のっと》って行われていたからである。伊勢庄の営業案内は「都《みやこ》の誉《ほまれ》」であり、タイトルどおり首都東京の誉れであるという自負のもとに営業している一流呉服店であった。卸も行う伊勢屋庄兵衛呉服店の店頭は、呉服から太物《ふともの》まで最新の品揃えにあふれ、すべて現金正札付販売で良品廉価、豊富な在庫をもつ一方で、小額のお客様であってもお待たせすることなく、一銭二銭の買物から切り売りまで喜んで応じていた。御仕立物や御誂染物は本業である呉服商いの附帯事業であるとして、加工料だけで仲介手数料を上乗せしなかった。営業案内には、地方のお客様の便宜をはかるために、商品価格表や注文方法と代金振込方法、進物用呉服切手等の案内がくわしく紹介されていたし、新聞広告も積極的に利用していた。販売方法も、「店前売り《たなさきうり》」といわれた店頭販売のほかに、お屋敷へ商品を持参する「屋敷売り」や、目録や見本を持ち込み注文をとる「見世物商い」はむろんのこと、「糶呉服《せりごふく》」すなわち伊勢庄から商品を借りて行商をする個人の商人を大勢使っていた。糶《せり》呉服の「糶（せり）」は「競（せり）」と同じで、行商の意味に使う時に「糶」と書いた。店を持たない個人の商人が、しかるべき呉服店から商品を借りて商売をするわけである。呉服店は契約書を交わし、保証金と連帯保証をとり、卸部門で扱うのが普通であった。販売代金の決済は月末、売れ残った商品は指定した期限内に返還することになっていた。彼らは商品を背負って行商して歩いたので「背負呉服」ともいわれた。こうした活気あふれる優良呉服店に十二歳から二十八歳まで奉公したことは、丹治が呉服商売の何たるかを習得するのに充分な年月であった。明治十五年には、丹治の縁で十一歳年下の弟細田半三郎も伊勢庄に入っているし、生涯の伴侶も得て、丹治の独立への態勢は整いつつあった。

明治十九年、小菅丹治二十八歳の秋、又右衛門の長男伊三郎が二十歳になるのを潮に、義父小菅又右衛門は隠居生活に入り、家督を長男の伊三郎に譲ることにした。そう決意した又右衛門は、ある日丹治を呼ぶと、十数万円を下らぬ財産の中から、長女華子《はなこ》の分として丹治に一万円を分け与えることを告げた。丹治は、長子相続の常として、全財産が長男伊三郎のもとへ行くものと思っていたので、この破天荒な額の財産分与に仰天して辞退しようとした。コーヒー三銭、カレーライス七銭の時代の一万円であったからである。しかし又右衛門は、長男以外の子供達には皆平等に一万円ずつ分け与えることに決めたのだからと告げると、ちかぢか子供も生まれることだし、この際思い切って、これを元手に独立を図ったらどうかと勧めたのである。降って湧いたような義父《ちち》の話を一刻も早く妻に伝えようと家路を急ぐ道すがら、丹治は迷いに迷っていた。これが本当なら凄いことになる。こんな話があってよいのだろうか。義父《ちち》の気持ちは天にも昇るほど嬉しい。しかし、しかしだ。その金で商売していくやり方が本当に自分の取るべき道なのだろうか。

宵闇を通して唄声が流れてくる。艶のある声は講武所芸者なのだろう。

――そもそも御代の目度きこと
　段々に開け
国中のよそほひ先年の姿を去り
ちよきんと髪を切る
真に人民自由の時
県を諸方に設けられ
学校しきりに建ちしかば
瓦斯燈《がすとう》夜を照らさんと
道の左右に建ちたまふ
此時町々煉瓦屋となり
巡査見廻り馬車が増え

帯の伊勢丹　模様の伊勢丹

人力四方へ駈けめぐり
旦那いかがと
区役所新聞電信機
郵便配達たえまなく
ひとびと写真をうつすとかや
油絵しやぼん香《にお》ひ水
牛肉《うし》売る店の赤い文字
道の植えこみ石橋に
鉄《かね》の欄干海川に
煙り絶えせぬ蒸汽の器械
どうどうどうどうどう
どつと御国の内は
治まるべうこそ目出たけれ――

世の中は日進月歩だ。自分も前へと踏み出さなければいけない。小謡「老松」の替唄「御代の開化」は、丹治に独立をすすめているかのように聞こえた。

「ただいま」

「おかえりなさい。遅かったわね」

「今日はね、お義父《とう》さんに呼ばれたんだ」

「あらそう。御用は何だったの?」

「それがね。お義父《とう》さんは隠居を決められて、伊三郎さんに家督をゆずることにしたそうだ」

「そう。伊三郎も、もう一人前だし、潮時かもしれないわね」

「それでね、驚くなよ。私達に一万円の財産分与をして下さるという話なのさ」

「そう、それはよかったわね」

「なんだ、あんまり驚かないんだね」

「そんなことはないわよ」

「わたしはね、華子。伊勢庄での十五年間、いつかは店を持ちたいと、ずうっと願ってきたんだ」

「ええ、それが夢だと、結婚するときに伺《うかが》いましたよ」

「だからお金も少しずつだが、この数年間は貯めてきた」

「ええ、いまは私も貯金してますよ。少しでもお役に立てればと思って」

「本当かい？　それは嬉しいな。ところでだ……半三郎も大人になってきたし……」

「伊勢庄さんに御奉公なさっている弟さんね」

「そう、だから私が頼めば、間違いなく力を貸してくれると思うんだ」

「それはそうですよ。ご兄弟なんだから」

「それで、お義父《とう》さんの一万円のことなんだけど」

「ええ」

「お前の出産も間近だし、お義父《とう》さんは、この際、これで独り立ちを考えたらどうかとおっしゃって下さった」

「そうですか。それもそうですわねぇ」

「でも、少し、大金すぎるんだよ」

「ええ、父もずいぶん思いきったことを考えたものですね」

「本来、家督を継ぐ長男にいくものを、私達兄弟たちにも分けて下さるなんて、普通じゃ考えられないことだ」

「でも、兄弟それぞれに分けたとしても、家督をつぐ弟には、その何倍もがいくことを父は計算して決めた筈よ」

「お前はそう簡単に言うけど、これは大変なことなんだよ。なにしろ一万円もの金なんだぞ」

「私は貴方と世帯をもったんですよ。伊勢又のあとつぎでも何でもないんですもの」

「それはそうだけど」

「そうでしょう。このお金なんか無くたって困らないんですから。私達は貴方の収入だけで充分やっていけるんですよ」

「うん。わかっている。華子《はなこ》にはいつも感謝しているよ」

「それなら、今度のことは、あまり重荷に考えない方がいいんじゃないですか?」

「華子は気楽でいいなぁ。それはそうなんだけど、やっぱり、一万円もの大金だからねぇ」

「あなた、変ですよ。いつもは思い切りがいいのに、一体どうなさったの?」

「わたしはね、いつかはお義父《とう》さんのように店を持って、手広く商売をしてみたい。出来ればお義父《とう》さんを超えるような大きな店のあるじになってみたい。前に話したと思うけど、一日一俵の米をたべる大所のあるじになりたいって」

「ええ、何度も聞いてますよ。そのために二人で頑張ろうって、約束したじゃないですか」

「そうだった。でもね、一万円ものお金が突然使えることになったわけだ。これを使えば、すぐにでも店を始められるし、店を買う気なら選り取り見取りなんだよ」

「長年の念願が叶うってことじゃない」

「そうなんだけど……」

「なにか問題でもあるみたいね」

「そりゃあ、そうだよ」

「ずいぶん水くさいのね、何があるというんですか?」

「ようく聞いて、本音で答えてほしいんだが、華子。わたしはお義父《とう》さんと同じ農家の次男坊として、いつかはお義父《とう》さんを超える大商人となって、お義父《とう》さんの目に狂いはなかった、と言ってもらいたいと思っている。いつか独立して、店を大きくして、さすが俺の選んだ婿だけのことはある、と言ってもらいたいんだ。そう思って努力してきたら、思いもかけず、今日、それを始める条件をお義父さんが作ってくださった。だから、こんな嬉しいことはない。だけど、この棚牡丹式の一万円で商売を始めたとして、それがうまくいって大所のあるじになれたとして、それは本当に私がお義父さんのやってこられたことを乗り越えたことになると思うかい?」

「そうですねぇ。私のお父さんは本当に苦労したんですよ。だから、子供たちには絶対に同じ苦労をさせたくないと思って、今度のことを考えたのでしょうね」

「そうだと思う。本当に有難いことではあるんだが……」

「それなら貴方、一万円はもらっておいたらいいじゃないですか」

「えっ？　華子、お前は私の言ってることがわかってないんじゃないのか？」

「わかっていますとも。わかっているから言うんですけど、せっかく父がくれるというんですから、一応、受けとっておいたらいいじゃないですか」

「だから言ってるだろ、お金をもらってしまったら、誰だってお義父《とう》さんの力で私が成功したってことになっちゃうじゃないか」

「そうじゃないの。あなたの夢は、あなた自身の力でやりとげるべきよ！　もちろん私もお手伝いしますけど。だから、このお金は、予備金ということにして、あなたが預かっておくだけにすればいいのよ」

「予備金？　預かっておくだけ？　……そうか、そういうことか……」

「そうよ。このお金は使わない。私達の力だけでお店を始めましょ。あなたの希望どおりにね」

「わかってくれたんだね、華子」

「ええ。最初からわかってるわよ、あなたの考えることぐらい」

「そうだよね。店は、私達だけの力で始めよう。お義父《とう》さんのお金は、一応、ありがたく頂戴して、わが家の預かり金ということにして、別にしておく。そういうことだよね」

「そう、それがあなたの望みでしょ」

「うん。これで決心がついた。どうだろう華子。明日にでも旦那様にお願いして、伊勢庄からの独立をお願いしてみようと思うんだが」

「それがいいわね。どうせ独立のことは、とっくに決めていたんでしょう?」

「うん、そうなんだけど。それでねぇ、華子……」

二人の話は深夜まで尽きることがなかった。

伊勢屋丹治呉服店の創業

翌日、丹治から折り入って相談があると頭を下げられた庄兵衛は、黙って奥へといざなった。

「実は、近々、義父《ちち》の小菅又右衛門が隠居生活に入ることになっております。家督の相続は長男の伊三郎さんでございます。つきましては、これを機会に私も独り立ちのお許しをいただきたいと思いまして、お願い申し上げる次第でございます」

「そうですか。お前さまも、いよいよ自分でご商売を始める決心がつきましたか。長いあいだよく働いてくれて、本当に有難いと思っていました。主人としてお礼を言います」

「とんでもございません。こんにち小菅姓を名乗っておれますのも、この業界で一人前の顔をしておれますのも、すべて旦那様のお導きのお蔭でございます」

「そう言ってくれると商売人冥利に尽きますよ。もちろん伊勢庄の暖簾分けで独り立ちを許します」

「本当でございますか。有難うございます、有難うございます」

「伊勢庄の暖簾分けを許すからには、お前さまの生業《なりわい》も立つように考えねばなりませんね」

「とんでもございません。お許しを頂戴しただけで充分でございます。誠心誠意、暖簾に恥じないように励むつもりでございます」

「そうでしょう、そうでしょう、お前さまなら。ところで、暖簾分けを許す以上、今後のことですが、そうですねぇ、ここ数年の景気の悪さ続きと、なにより御時世も変わってしまったので昔のようにはできませんが、先ず開店までの面倒は見させてもらいましょう」

「有難うございます。もったいないお言葉でございます」

「それから、言いにくいが、うちのお得意様は、いくらお前さまでも譲るわけにはまいりません。そのかわりと言っては何だが、うちから商品を節季払いで廻すということを許しましょう。それと、伊勢庄の後ろ楯のもとに糶呉服《せりごふく》の一部を引きうけてもらうということでどうでしょう。こうすれば暖簾分けしたお前さまの生活と仕事の保証は出来るというものです。これが今、うちとしてお前さまにしてあげられる精一杯のところです」

「有難いことでございます。本当に御礼の申しようもございません」

「お前さまの商売の腕は、もう誰にも引けを取りません。それは私が太鼓判を押します。ですから、これから後はお前さま次第ということです」

「有難うございます。これも十五年間、手とり足とりご指導下さいました旦那様のお蔭でございます」

「いやいや、お前さまの努力が実ったのですよ。それにしても、私の目の黒いうちに、伊勢庄の暖簾を分けた店が三店になるなんて、私にはもう夢のようですよ」

「本当に光栄でございます」

「これからのお前さまは、浅草茶屋町の〝伊勢新〟と、同じく駒形町の〝伊勢福〟と並ぶ伊勢庄の別家ですから、伊勢屋の小菅丹治と名乗ることになりますね。伊勢屋丹治、伊勢屋丹治呉服店、うん、店の名前としてもとてもよいと思いますよ」

「伊勢屋丹治呉服店でございますか、名前負けしないように頑張らせていただきます」

「頼みましたよ。ところで、半さんはどうするつもりかね？」

「まことに勝手ではございますが、できましたら、私と一緒に辞《や》めさせていただければと考えております」

「そうだろうな」

「重ね重ね勝手なお願いを申し上げて心苦しくは存じますが、本人もそう言うと思いますので」

「いやいや、それはそうだ。兄弟なんだから無理もない。だが、急に二人一緒に辞《や》められてしまうと、うちもちょっと困る。お前さまは仕方ないとして、半三郎さんには少なくとも年内一杯は頑張ってもらうということでどうでしょう」

「ごもっともでございます。おっしゃるとおりにさせていただきます」

庄兵衛は、かねてからこの日のくるのを覚悟していた節《ふし》があり、突然の申し出にもかかわらず、暖簾分けを許してくれたうえに、二人の退店を許してくれた。そして当面の生業《なりわい》もたつようにしてくれた。

一方、丹治の独立を聞いた半三郎は、

「兄さん、私も辞《や》めて手伝うよ」

「まあ待て、半三郎。それはいけない。いま私が辞《や》めて、お前までが辞《や》めたら、お店にご迷惑をかけることになる。ましてや、こんなご時世だ。少なくとも年内一杯はこのままでいてくれ。最初は華子と二人だけで始めるつもりだから、今しばらく伊勢庄にいてほしい。様子をみて声をかけるよ。その時は頼む。まだ店だってどこにするか決めてないんだから、もうしばらくは、ここで辛抱していてくれ」

「それならそうするけど、兄さん、声をかけてくれれば、いつでも飛んでいって手伝うからね」

「うん、頼りにしているよ」

その日の夜、帰宅した丹治は、伊勢庄主人の言葉を華子に伝えた。

「明日から、伊勢屋庄兵衛呉服店の別家として〝伊勢屋〟を名乗ることのお許しを頂戴した。これからは伊勢屋丹治と名乗ることになる」

「おめでとうございます、あなた」

「それから、旦那様は私たちの開業資金を出して下さるそうだ」

「まあ、なんて有難いことでしょう」

「でも、ご時世もご時世なんで、昔の暖簾分けのようには出来ないそうだ。だから、開店したあとは、自分の才覚でやっていくように、というお言葉だ」

「暖簾分けを許していただけたうえに開業資金まで出していただけるんですから、あなた、私たちにはもう充分じゃないですか」

「そうだよね。それでさ、商品の方は年末払いで都合していただけるし、伊勢庄出入りの耀呉服《せりごふく》の方々も一部廻して下さるそうだ」

「まあ、なんて有難いこと」

「ほんとだねぇ」

「伊勢庄様の方には足を向けて寝られませんわねえ」

「そうだよ。私が今日あるのも旦那様のおかげなんだから」

「私たちも、お気持ちにこたえられるように頑張りましょうね」

「うん、半三郎も年明けから手伝ってもらえることになったから心強いかぎりだ。それでだ、残ってるのは店の場所と……」

「そうねぇ。商売は場所が大切よねぇ」

「これはねぇ、前から心積もりしているところが幾つかあるし、お義父《とう》さんや旦那様の御意見も聞いて、よく考えてから決めるとしてさ、その前に店章と符牒を決めておく必要があるんだ」

「店印《みせじるし》と店で使う隠語のことね?」

「うん、私はね、将来のことを考えて、この際はっきりと、伊勢庄さんとは違う店印と符牒にしたいと思っているんだ」

「将来のことって?」

「自力で、一日一俵の米を食べる大所のあるじになるということさ。だから、同じ伊勢庄さんの暖簾分けであっても、浅草の伊勢福さんや伊勢新さんとは全く違うってことを表明しておきたいんだ」

「伊勢庄さんの店印って、大の字の横棒の先を下に折って人型にしたのを四角の枠で囲んだものよね」

「そうだけど」

「旦那様は怒らないかしら?」

「最初は御気分を害されるかもしれないが、よくご説明すれば、きっとおわかりいただけるものと思ってるんだけどね」

「そう。そうすると、私達は伊勢庄の暖簾分けのお許しはいただいたけれど、あくまでも独立独歩でやっていくってことね」

「うん。私はそのつもりでいる。お義父《とう》さんの一万円と同じようにね」

「でも、開業資金を出していただくんじゃないの？」

「形としてはそうだけど、本来あれは、私の年季奉公十五年間の給金を積み立てておいた中から出して下さるわけだから、厳密に言うと旦那様にお金を出していただくわけではないんだ。もちろん、一人前になるまで仕込んでいただいた御恩はあるけどね」

「わかったわ。それで、店印をどうするかの考えはあるの？」

「私はね、とっても簡単で在《あ》り来《きた》りなんだけど、伊勢屋を名乗ることを許されたんだから、伊勢屋の伊の字を丸で囲んで店印に使うのはどうかと思っているんだ。これなら伊勢庄さんの店印を使わなくても、伊勢屋の伊だから、暖簾分けをして下さった旦那様も反対はなさらないと思うんだよ」

「丸の中に伊勢屋の伊ね。丸に伊、丸に伊、一目でわかるし、マルイと読めば語呂もいいんじゃない。マルイ、マルイ、マルイの伊勢屋です。伊勢屋のマルイです。マルイの反物です。マルイの半襟です。とってもわかりやすいわね」

「そう、丸は太陽で、欠けたところのない完全さを表わすんだ。要するに私たちの店の有り方を表わすことにもなる」

「すばらしいわ。丸は円だから、かどのとれた円満さも表わしているわね」

「そうだ。円も、欠けたところがない充実を表わす印《しるし》だから、これからの私たちの店の目標にぴったりだ。うん、伊の字もかどをとって丸い字体にしてしまおう」

「符牒はどうするの?」

「うん、やっぱり私達の店に関係のある言葉にしたいよね」

「わたしたちの店の有り方を表わすようにするってこと?」

「そう。例えば、現金取引店であるとか、良い品を揃えているとか、売り方が親切だとか、そんなことでいきたいんだよね」

「そうだわね。なにより、お客様に対してもお取引先に対しても現金取引でなければいけないわ。利は元に有りって言うし、笑顔の接客が福を呼ぶ、ってことですしね」

「うん、私たちの店は、現金取引で良い品を安く売ることにしたい。売り方も親切丁寧にしたい」

「そのためには良い品を安く仕入れないと」

「そう、仕入れ先を吟味して、安く仕入れて薄利多売する」

「売り方はどこよりも親切で良いようにする」

「そう、そのとおりだね。〝もとは安く〟〝売り方は良く〟だ」

「一から十までの数字に合わせるとどうなるかしら？」

「〝もとはやすくうりかたはよく〟だから、〝もとやす〟〝うりはよし〟でどうだろう」

「どの字も重なってないし、九文字だから、これに零《ゼロ》を加えれば一から十の符牒になるわね」

「零《ゼロ》はマルだから、〝も《1》と《2》や《3》す《4》う《5》り《6》は《7》よ《8》し《9》○《マル》〟でどうだ」

「でも、マルでは十文字より多くなってしまうわね」

「そうだなぁ」

「ねえ、マルのかわりにメはどうかしら？」

「め？」

「昔からある〝絵描き歌〟に〝まるちょんまるちょん〟って歌があったじゃない？　覚え

てないかしら、あの〝まる〟は〝目〟のことよ！」
「どんな歌だっけ？」
〝まるちょんまるちょん
丸木船
金のつるはし
アラシュッシュッシュー
父さま母さま
さようなら
金のリボンに
赤い口〟
「これで女の子の顔が出来上がるのよ。子供の頃、よく歌いながら描いて遊んだものよ」
「そうだったの。華子の思いでの歌にも〝まる〟があったんだ」
「そうよ、〝まる〟は〝目〟なのよ」
「そうか、〝も《1》と《2》や《3》す《4》う《5》り《6》は《7》よ《8》し《9》め《0》〟か。出来たね、華子」
「〝もとやすうりはよしめ〟〝もとやすうりはよし〇《マル》〟どちらもいいわね」

「〃丸が目〃であることさえわかっていれば両方とも使えるよ」

「そういえば、ここには〃めがね〃まであるんだわ」

「〃眼鏡橋〃のことかい？　そうだねぇ。東京新名所の一つ、神田の〃眼鏡橋〃のそばで独立をはかれるなんて、これも何かの縁かもしれない。私達も眼鏡橋にあやかって、東京新名所は〃伊勢屋丹治呉服店〃といわれるように〃日本一の店〃を目指そうじゃないか」

こうして店章と符牒を決めた丹治は、義父と旧主にそれぞれ報告して賛同を得ると、いよいよ希望に胸を躍らせて創業の地を探して廻った。候補となる所は幾つも有ったが、どれも帯に短し襷《たすき》に長しで、もう一つぴんとくるものがなかった。丹治は探しに捜し廻ったあげく、最終候補を神田明神下の鉄物商跡と今川橋通りの松屋呉服店の二つに絞った。神田明神下の物件は、伊勢庄呉服店からは徒歩十二、三分、伊勢屋又右衛門米穀店からは徒歩二、三分の距離にあった。敷地面積は四十一坪、通りに面した間口は五間、鉄物商跡だけあって、二間間口の店舗に、向かって左側には間口二間半の土蔵が建っていた。

江戸時代から「良賈《りょうこ》は深く蔵《ぞう》して虚《むな》しきが如し」すなわち「よい商人は品物を店先に並べず、奥深くしまいこんで、一見何もないように見せかける」というのが呉服店の理想であったから、この条件は候補物件として申し分のない条件である。

一方、今川橋松屋は、敷地面積が二百十五坪もあり、道路に面した間口は十四間もあった。江戸時代からの永い歴史を持つ呉服店であったが、明治十三年末の神田の大火で大きな被害をうけ、思うように再建が進まず、数年前から店を手放すのではないかと噂されていた。呉服店としての立地条件も申し分なく、丹治にとって、義父又右衛門からの一万円を使えば手に入らぬこともない松屋呉服店であったが、難点は松屋の屋号ともども店員全部の引き継ぎが条件となっていることであった。丹治は独立の第一歩を、自分自身の力に見合った規模で始めようと考えたことと、因習に犯されていない真っ新《さら》な状態で踏み出したかったので、神田明神下の鉄物商跡の方を借りることにした。

丹治が創業の地を神田に求めたのは、慣れ親しんだ地元であるということのほかに、神田が昔から商業の町であったことによる。それは、江戸最初の市場が神田に開かれたことと無縁ではなかった。天正十八年（一五九〇）、徳川家康は江戸に入城するとすぐに、現在の日本橋川北岸、神田橋から鎌倉橋にかけての内神田一丁目から三丁目に、領国三河から連れてきた中間《ちゅうげん》や小者たち下級武士を住まわせた。慶長年間（一五九六～）になって、これら下級武士たちは本郷や下谷に組屋敷を与えられて移住、その跡地に魚店が並び三河町とよばれた。これが江戸における最初の市場である。その後、ここの魚店は日本橋の魚河岸に移ったが、関東大震災を契機に築地に移り、現在の東京中央卸売市場となる。

明治の東京における呉服太物商は、大きく分けて二つの地域に集中していた。一つは神田・日本橋・京橋・芝地区で、もう一つは下谷・浅草・本所地区である。これは流通機構の中心にある木綿・呉服などの問屋が日本橋地区に集中していたことによる。日本橋本町四丁目裏の伊勢町には、舟運によった呉服物が隅田川河口で伝馬船に積み替えられ、永代橋手前の日本橋川をさかのぼり、江戸橋手前の荒和布橋《あらめばし》をくぐって掘割に入り、中橋《なかのはし》、道《どう》浄橋《じょうばし》をくぐって伊勢町河岸に着くため、当然の事として問屋が集中することになった。多少の差はあっても、堀留町一丁目、大伝馬町一丁目も同様で、また水路は異なるにしても、富沢町、長谷川町、元浜町、新大坂町、橘町一・二丁目も同様であった。このように、明治の流通機構を支えていたのは、江戸時代以来の舟運であった。

神田は日本橋を控えて、商業の中心地であると共に、どこへ出るにも便利な所であった。両国、浅草、神楽坂、上野などの繁華街にも近いし、花柳界もすぐそばにあった。

神田の花街は「講武所花街」である。外神田の芸妓家町を講武所と言うようになったのは、その昔、幕府が神田三崎町三丁目に「講武所」を設けて幕臣の武芸の講習所としたことに起因する。当時幕府は非常な財政難であったため、今の旅籠町三丁目一帯が「加賀原」

という荒野であったのを町屋にして、その地代を講武所の維持費に当てた。そのためこの一帯は「講武所上納代地」となり、花街が出来ると「講武所花街」と言われるようになった。花街が出来たのは、加賀原の頃に勧進能楽が興業され、講武所上納代地となってからは、歌舞伎座という芝居小屋と若松座という人形芝居小屋が出来、その後薩摩座という操り人形の芝居小屋も建てられ、芝居茶屋の発展と共に外神田芸妓が現われたからである。

江戸の名物は「火事、喧嘩、伊勢屋、稲荷に犬の糞、神田祭に山王権現」に表わされる。この言葉が示すように、神田明神の祭礼は赤坂の山王祭りと並ぶ「江戸二大祭」の一つであった。したがって明神下は、普段から夜店が並ぶほどの賑わいであったし、交通の要衝、万世橋・須田町付近は東京有数の繁華街であった。江戸時代、いまの万世橋と昌平橋の間にある神田川南側の一帯は、「筋違《すじかい》八《や》つ《っ》小路《こうじ》」と呼ばれていた。「筋違《すじかい》」の名は、ここに架かった橋に対して中山道と御成道《おなりみち》が斜めに筋違《すじかい》のような形で結ばれていたことによる。将軍が江戸城から神田橋門を経て、この筋違《すじかい》橋を渡り、上野の寛永寺参詣に行く道筋が御成《おなり》道である。そしてこの筋違《すじかい》橋には江戸三十六見附のひとつ「筋違見附《すじかいみつけ》」があった。ここは中山道と御成道への出入口に当たるため、当時は桝形構造をした「筋違門《すじかいもん》」を建てて厳しく人の出入りをチェックしていた。また「八《や》つ《っ》小路《こうじ》」の名は、そこにあった火除地（広場）

から、上野、日本橋、浅草橋、小川町、両国、本郷台、小石川、駿河台の八方面へ道が通じていたからである。明治五年、筋違見附《すじかいみつけ》の桝形構造の門が取りこわされ、翌年にはその廃石で石造第一号の「万世橋《よろずよばし》」ができた。橋の形から通称「眼鏡橋《めがねばし》」と呼ばれ、東京新名所の一つとして錦絵にもなった。いまの万世橋より上流百五十メートルの位置である。明治三十六年（一九〇三）には、いまの位置に「万世橋《まんせいばし》」ができて、「眼鏡橋」は「元万世橋《もとまんせいばし》」となり、三年後には撤去された。

この万世橋の下を流れる神田川の北側が、丹治が借りる鉄物商跡のある外神田で、かつては武家屋敷の並んだ内神田の外側にひらけた商人の町である。外神田は、米屋、薪炭商、衣類雑貨商と、印刷工、家内工業の職人の家が密集していた。特に川に沿った佐久間町一帯は、和泉橋以東は米問屋、以西は薪炭問屋と材木問屋とが軒を連ねており、絶えず神田川に入る廻船が米や雑貨を運んできていたし、川のそばの空地では、染物屋が布を長く長く幾すじも拡げる風景を見ることが出来た。火除地として残された秋葉原は、上野発の貨物列車が一時間おきに通り、秋葉原駅の周辺は運送屋で賑わっていた。万世橋から裏道を北へたどると古着屋街で有名な柳原に出るし、内神田の須田町裏側は、多町、佐柄木町、通新石町、新銀町、連雀町、須田町、雉子町にわたる全国一の青物市場であった。この一帯が青物市場になったのは、神田川の昌平河岸と日本橋川の鎌倉河岸の間にあって、集荷の条件が備わっていたからである。常に野菜を積んだ荷車がひしめきあって、やっちゃ場の若い衆で魚河岸に劣らぬ喧噪をかもし出し、まわりにはそれを目あてに飲食店や日用雑貨の店、おまけに寄席までが集まっていた。このように、丹治が創業の地と定めた神田眼鏡橋のあたりは、東京有数の繁華街であったし、明神下の旅籠町は、五街道の一つ中山道に沿っており、商店や旅籠が沢山ある活気あふれた通りであった。

創業に当たっての教え

日を経ずして丹治が借りうけた鉄物商跡の店舗は、旧主日野島庄兵衛の指示のもと、着々と呉服店にふさわしい体裁を整えていった。商品は伊勢庄より次々と運びこまれ、伊勢庄で顔なじみの糶《せり》呉服商の中から、今後は丹治のもとで商いをする人達との顔合わせも行われた。そうした或る日、伊勢庄に顔を出した丹治に、庄兵衛から手渡されたのは真新しい暖簾であった。店の軒先に、間口一杯に細長く張る水引暖簾には、紺地に白で、向かって左から右へ「いせや(伊)伊勢屋(伊)いせや(伊)伊勢屋」と、屋号と店章が交互に染め抜かれていた。入り口の左右に張る大きな日除けには、同じく紺地に白で、真ん中に大きく「(伊)」

の店章が染め抜かれ、右上側から下に向かって、伊勢庄と同じく「正札付懸値なし」、左下側には「伊勢屋」と屋号が染め抜かれていた。そして庄兵衛は、こうつけ加えて丹治の門出を励ました。

「お前さまもこれから独り立ちしてやっていく以上、すべてを自分で判断し、決断していかなければなりません。そして商いは、始めた以上は長続きさせなければいけません。商売をやっていく厳しさは、お前さまも伊勢庄の十五年間を通して充分体得したとは思いますが、やはり商売は続かなくては駄目です。そのためには、自分の実力に見合った商いから始めて、決して高望《たかのぞ》みをしないということです。繁昌はただ待っていても転げこんでくるものではありません。お客さま本位の奉仕に徹底してこそ訪れるものです。お客さまは自分たちを食べさせてくれる恩人であると心得て、常に尊敬と感謝の念をもって親切丁寧にすべきです。一時の利益のためにお客さまを犠牲にするようなことは愚かなことです。昔から〝富《とみ》の主《あるじ》は天下の人々なり。主《あるじ》の心もわが心と同じ〟と申します。私たち商人は、日常接する売り手、買い手という双方の取引先の一人ひとりこそが〝天下の人々〟の代表なのだと心得て、お互いに満足できる取引が出来るように努《つと》めなければなりません。なぜなら、目の前のお客さまの心も、私自身の心と全く同じだからです。自分が一銭でも惜しいと考えるその気持ちを、世間の人々も同じように持っていることを弁《わきま》えて、商品の質に充分注意し、丁寧大切に扱って、その価値を充分ご納得いくように説明して、親切丁寧な応対でお売りすることです。そうすれば、必ず買う人もその商品のよさに満足して、当初抱《いだ》いていた代金を惜しむ気持ちを無くされると思うのです。このように、人々の物惜しみ、銭惜しみする心を消し去って、天下の万物を流通させることこそが商人のつとめです。どのような時であっても、誠実、着実な商法によって、売る側、買う側の双方から喜ばれ信用されることを第一に、暖簾に磨きをかけていくのがお前さまのつとめです。つまり、ご主人である〝天下の人々〟を一人ひとり味方につけていくことです。もし、一人の取引先にでも、ご損をかけるならば、それは天下の人々を敵に回し、世間から見限られる原因を作ることになると私は考えています。〝初心忘るべからず〟です。開店の時を忘れず、いつになってもこの気持ちを持ち続けてください。何事によらず、始めた当初は誰しも慎重に謙虚に手堅くやっていきますが、それがいつの間にか緩《ゆる》んでいきます。相手のことを考えて事に当たるのを忘れ、贅沢をし始めます。頭を下げることを嫌がって、もうこれでよいと努力をしなくなります。要するに、日々の生活の流れの中に芥《ごみ》や澱《おり》がたまってくる。精神の生活にも腐れが生じてくる。開店の時を忘れるなということは、この芥《ごみ》を払い、澱《おり》を洗い流して腐れを除くための掃除と消毒をしなさいということです。商いには順調にいくという保証はひとつもありません。逆風が吹いたり、煮え湯を飲まされるような思いをすることも間間《まま》あります。そんな時こそ開店の時の心境に立ち還って、自分を叱咤激励すべきだと思うのです。どんな苦しみに遭っても、開店の時の素直な心にもどれば、必ず新しい道が開けてきます。私はそうやってこの店をやってきました。だからお前さまも、決して開店の時の初一念《しょいちねん》を忘れてはなりません」

こうして多くの人々の善意に支えられながら、丹治独立の準備は整っていった。その一方で丹治は、華子と額をつき合わせては商売のやり方を模索していた。なぜなら、これから始めようという丹治の店は、十五年間勤めた伊勢庄とくらべれば、店も小さければ人手も家族だけの小さな店である。今まで経験してきた伊勢庄呉服店のような商売のやり方は、したくても出来ない。

「店を始める以上は、初心を忘れず、長続きさせなければいけない、と日野島様にくどいほど念押しされましたよ」

「そのとおりですとも。私たちも、始める以上は長続きさせて、伊勢庄さまのように大きくなりましょうよ」

「そうなんだけど、そこにいくまえに、何か一つ、取《と》っ掛《か》かりがほしいんだよねえ」

「とっかかり？」

「なんていうか、まだ新聞広告をどんどん出せるほどの力もないから、ここで私達が始めたということを知ってもらえるための切っ掛けというか、そんなことだよ」

「だって、お店は持てたし、中身の商品は伊勢庄さまから入ったし、糶呉服さんも大勢使えるんですから、問題はないんじゃないの？」

「そんなことじゃないんだよ。そんなことはどこの店も同じだ。うちはこれからだし、まだ店員も居ない。だから、うちが出来たってことさえ知ってもらえないかもしれないんだよ」

「そうかしら。だったら営業している店を店員ごと引きつげばよかったというの？」

「そうじゃないよ。私の言いたいのは、どんな小さな店であったとしても、お客さまが必ず来て下さるようにする何かが必要だということなんだよ」

「そうすると、小さくても、お客さまが来て下さる何かがいるってことね」

「そう。伊勢屋丹治呉服店に行かなくては、って思わせる何かを持ちたいんだよ」

「例えば、よその店にないものがある」

「そうそう、それだよ」

「同じ値段なら品質が良い」

「そう」

「同じ品質なら値段が安い」

「そう、そういった特色だよ」

「あの店に行けば、よそで教えてくれないことを教えてくれる」

「そうだ。それも大きな魅力になる。要するにそんなことなんだけど、差し当たっては、私たち二人でも出来ることから始めるしかない。そうなると何があるかってことだ」

「それなら簡単じゃない、お客さまが来るようにすればいいんでしょう?」

「そうだよ。それが出来れば苦労はないんだ」

「長続きってことは、お客さまがくり返しくり返し来て下さればいいんでしょう?」

「そのとおりだよ。商売は、くりかえしくりかえし買いに来て下さるお客様を増やしていくことが大切なんだ」

「それなら貴方《あなた》、商店のお仕着せや印半纏とか、季節に沢山くばるご挨拶用手拭は屋号と店章を入れてるわよね。印入りって、一度注文をいただければ後々《あとあと》まで御注文いただけるんじゃなかったかしら」

「それはそうだよ。印物《しるしもの》はいっぺん型起こしをしなければならないから、次もその店に注文を出すのが普通なんだ……そうか、商店のお誂えは一度でも頂戴することができれば、そのあとの注文はすべてが来るなあ。今まで高級呉服ばかり扱っていたから忘れていたよ。これからは店のレベルに合った商売をしなくてはいけないってことだな。よし、佐久間町一帯の問屋街を軒なみご挨拶して廻ろう。華子、いいぞ、これが取れれば、伊勢屋丹治呉服店の最初の固定客ってことになる」

当時は、客の方でもその店の得意先となれば、決して他店からは買わないという一種の得意先気質《かたぎ》が残っていた。丹治が開店挨拶としての印半纏・手拭の類を配りながら、神田川沿いの問屋を一軒一軒まわっていた裏にはこんなわけがあった。

糶呉服の元締めとしての契約や貸し出し商品の手配など、あれこれ開店準備に追われる中、同業や仕入先への挨拶廻りも伊勢庄主人日野島庄兵衛の引き回しでとどこおりなく済ませることが出来た。華子は商家に育っただけあって、たいへん几帳面で礼儀正しく、丹治の妻であると共に良き協力者でもあった。すぐれた商才と算勘の才能と節倹の美徳を発揮する華子を見て、丹治は又とない世話女房の同志を得たことを確信して喜んだ。そして開店を十日後にひかえた十月二十五日、華子は無事、元気な女の子を出産した。店を始める直前に父親となった丹治は大喜びだった。

「本当にごくろうさん華子、可愛い女の子だよ」

「男の子でなくてごめんなさい」

「何いってるんだ。そんなことはないよ。商人の家には女の子が一番いいんだ。婿を取れるからね。それに男の子が欲しいなら、次に産めばいい」

「そうですわね。それで、名前は考えて下さったの？」

「うん。〝とき〟ってのはどうかと思ってるんだ。私達の独立の時、新しい出発の時に生まれた子だからね」

「とき、小菅とき、いい名前ですわね」

こうして小菅丹治と華子夫妻の長女は〝とき〟と命名された。そして明治十九年十一月五日、東京名所の眼鏡橋のそば、神田旅籠町二丁目四番地に、大きな夢と理想に燃えた小さな呉服太物《ふともの》店が誕生した。

二　柳原土手を足掛かりにして

創業時の決意どおりに

「戻ったぞ、半三郎。〝勉強一年、全盛三年、居食《いぐ》い五年〟って聞いたことあるか？」

「ないねえ。なんだい、それは？」

「そうだよなぁ、こんなの諺《ことわざ》じゃあないよなぁ……世間はね、どこもひまなものだから、佃島《つくだじま》や御台場《おだいば》は釣人で一杯なんだそうだ」

「そんなに暇人が多いってことかい？」

「そうじゃなくてさ、近頃の不景気で主家を失った職人だとか商いのない商人が多くてさ、釣り場や碁会所に溢れているんだそうだ」

「春の日永《ながなが》を暮らしかねて、みんな太公望《たいこうぼう》を気取っているわけか」

「そうらしい。釣糸を渭水《いすい》の岸に垂れて、好機の訪れるのを待った中国の賢臣呂尚《りょしょう》の故事を真似したからって、急に景気が良くなるとは思えないがねぇ」

「金がないから釣《つり》ってのはわかるけど、碁会所は席料がかかるんだろう?」

「うん。でもね、寄席に行くよりは安いってんで、どこの碁会所も大入り満員だそうだよ」

「そんなものかねぇ。それで、さっきの〝勉強一年、なんとか三年〟ってのは何なんだい?」

「今日の寄合いで聞いたんだけどね、どうやってこの不景気を乗り切るかって話になってさ。その時に誰かが言ったのが〝勉強一年、全盛三年、居食い五年〟なんだけど、要するに商人となって勉強しても一年もすれば行き詰まる。金貸しを始めると踏み倒されて三年くらいしか持たない。〝座して食《く》らえば山も空《むな》し〟の例えもあるけれど、働かないで持っている財産で暮らす〝居食い〟をすれば、これは他人からの影響を受けないから五年は持つ。結局これが一番長持ちするって話になって、今日のところはね、なんとか我慢して景気の回復を待つのが一番って意見が大勢を占めて終わったのさ」

「町内の寄合いって、そんな程度のものなのかい?」

「ああ、昔は良かったって言う人ばかりでね、頼りになりそうな人は居なかったね。こちらも新参者だから黙っていたけど、〝座して亡《ほろ》ぶるを待つ〟ことはないと思うんだけどね」

「まったくだよ、兄さん。こっちは店を始めたばかりだぜ。それが最初から居食いだったら、何のために始めたかわからないじゃないか。」〝蒔かぬ種は生えぬ〟だよ」

「そうだよなぁ。商人たるもの、景気が悪いからといって手をこまねいている法はない。不景気だからって、儲けられないことは無いと思うんだ。あくまでも努力次第だと思うんだよ、違うかい？」

「そのとおりだよ、兄さん。それで間違ってないと思うよ」

この頃の日本経済は、明治十四年から十八年にかけて、大蔵卿松方正義が強行したデフレ政策と増税により極度の不景気におちいっていた。明治十八年は不況のどん底であり、丹治が創業した明治十九年も、諸物価は沈静してはいたものの、「日本経済会」が一般公募した論文の一等に当選したのが東松逸士の「近時不景気の原因救済策」と題する論文であったように、相変わらず不景気が続いていた。東京の人口が増え、建築もまた日々さかんになっているにもかかわらず、こういった経済情勢は年が明けても一向に好転しなかった。

不景気が続くなか、小店舗ながらも丹治が順調に呉服商としての道を歩みだすことが出来たのは、伊勢庄時代につちかった知識と経験と手づるを活かして、創業と同時に産地からの直接仕入れを始めたことが大きい。丹治は、新参呉服店ではあったが、伊勢庄から暖簾を分け与えられた一流呉服店の別家であるという信用と、義父小菅又右衛門から贈られた一万円という豊富な資金を裏付けに挑戦してみたのである。丹治が直接産地に買い付けに行った成果は大きかった。当時はよほどの大問屋でないと産地へ直接行くものはなく、たいがいの問屋は買継商の手をへて集荷していた時代で、「利は元にあり」の言葉どおり、行ってみるとどの品も、こうも違うかとあきれるほど安かったのである。こうして丹治は、安く大量に仕入れた豊富な在庫を持って、買継商として同業呉服店仲間や問屋筋への卸売りを始めた。この新参呉服店としては無謀ともいえる大胆な営業戦略は大正解であった。仕入れる側にしてみれば、遠い産地まで出向かなくても安くて良い品が手軽に手に入る。運賃もかからないし、面倒な手続きもない。こうして出来上がった第一の柱に加えて、伊勢庄の後ろ盾のもとに糶呉服を手広く行うことが出来たことと、開店挨拶として美倉橋周辺の一流米問屋に印半纏・手拭の類を一つ一つ自分で配って挨拶廻りをしたことによって、これらの問屋筋が伊勢屋丹治呉服店の固定客となってくれたのが大きかった。そうはいっても、伊勢屋丹治呉服店が「帯の伊勢丹」「模様の伊勢丹」として、また外神田の「背負い呉服の元締め」として名を知られるようになるのには、まだかなり時間と努力が必要であった。

「おはよう、丹治。どうだね？」

「おはようございます、お義父《とう》さん。なかなか厳しいですが、なんとかやっております」

「そうか、せいぜい高望みをせずに、こつこつとやることだ」

「そう肝に銘じております」

「うん……」

「今日は何か御用でも？」

「いや、ちょっと、ときの顔でも見ていこうと思ってな」

「有難うございます。ときも華子も元気でございますが、生憎、近くまでお届け物を届けに行ってますんで」

「ときをつれてかい？」

「はい」

「そうか、華子も苦労するなぁ」

「申し訳ございません」

「平三郎さんは？」

「私の代わりに伊勢庄様まで行ってもらってます」

「そうか。商売が忙しいのは何よりだ。それじゃあ、また寄らせてもらうからね」

「わかりました。お義父《とう》さんがお見えになったことは華子に伝えておきます」

「いや、伝えなくていい、またあとで寄るよ。どうせ伊三郎の所へ顔を出す通り道なんだから」

義父小菅又右衛門も日に二、三度は店先に顔を出して様子を見ていくなか、伊勢庄を退店した半三郎を加えて、三人は自分たちのような弱小呉服店が生きのび、更に成長していくためにはどうすべきかを模索する日々を送っていた。将来の夢としては、伊勢庄時代に出入りしていたように、呉服を一番消費してくれる花柳界・実業界・名家に得意先を持ちたかった。しかし、そこにいくまでには、それなりの特徴と強みを出していかなければならない。業界では白木屋呉服店が明治十九年に、越後屋呉服店改め三井呉服店（後の三越）が明治二十年に洋服部を創設して、「鹿鳴館《ろくめいかん》」に集まる政府高官、上流の貴婦人、それをとりまく人々の需要に応《こた》えようとしていた。しかし丹治は、いくら時代性があるといっても、今は目新しいだけの分野に手を拡げて精力を浪費したくなかった。洋服はまだ、政府関係者に普及しはじめただけで、世間の人々は圧倒的に和服中心の生活である。丹治は、いま扱っている商品の中で特色を出したかった。花柳界、実業界、名家への浸透をめざす仕入れと外交に励むかたわら、同業呉服店仲間への卸売り、糶呉服との打ち合わせ、店頭で販売する営業時間中も、そして夜の包装紙づくりの間も、丹治の頭はそのことから片時も離れることはなかった。

包装紙づくりは大きな紙の左下に木版を押すことから始まる。木版は、真中に「呉服太物類」と大書し、右側に「正札附懸値なし」、左側に「神田明神下通り　伊勢屋丹治」と入れ、その上に並列で「現金」と「正札附」の文字を入れてあり、言わば丹治の営業方針を明記したようなものである。この木版を押した紙の両端に、古い大福帳をほぐして作った紙ひもを糊づけすれば包装紙が出来上がる。このほか、沢山の反物を包むために、古帳簿をほどいて貼り合わせ、大きな巻き紙を作る作業もあった。丹治は木版を押しながら、糊づけをしている半三郎に言った。

「半三郎、私たちの生活になくてはならないもので、私たちの店で扱えるものといったら何があると思う?」

「そうだねぇ……呉服太物以外で私たちの店で扱えるものといったら、さしあたり小間物ぐらいしか思いつかないねぇ」

「そういうものじゃなくて、もうちょっと呉服店らしいものはないかね。わたしはね、伊勢屋丹治呉服店がそれだけで成り立っていくぐらいの物を自分で作って売ったらどうかと考えているんだ」

「自家生産てことかい？」

「そうだ。自家生産なら店の大小に関係なく他店に無いものを自由に作れるし、それが当たれば、伊勢屋丹治呉服店の大きな強みになると思うんだ」

「それはわかるけど、売れ残ったら大変だよ、兄さん」

「うん。だから呉服店仲間から問屋筋まで卸の出来るもので、流行に左右されずに絶対に売れると決まったものだけを作ろうと思ってるんだよ」

「そんなものがあるかなあ……たとえば何を考えてるの？」

「浴衣地とか裏地はどうかと思ってるんだけどね」

「浴衣地に裏地か。悪くないね、それは」

「どちらも皆が使うものだし、はやりすたりもほとんど無い。私たちが必ず使うものだから、残っても心配がない」

「そうだね。そういえば〝裏地は紙幣《さつ》でおくと同じ〟って聞いたことがあるよ」

「そうだろう。裏地も浴衣地も、流行がほとんどないし、どちらも必需品だ。それでいて売れ行きに継続性のある安定商品だからね」

「そうだね。この二つなら桐生と足利の機屋《はたや》に頼めるね」

「そうさ、伊勢庄時代に培《つちか》ったものを活かさない手はないからね」

こうして丹治は知り合いの機業者を訪ねると、入念に打ち合わせをして柄行と品質を定め、市場よりかなり安い値段で売り出すことにした。彼は大量にさばくことによって、原価を大幅に下げることが出来ると踏んだ。伊勢屋丹治呉服店として末永く商売を続けていくためには、高い利潤を求めず、正直によい品を売れば、利益は必ず後からついてくると考えたのである。

丹治の目論見は見事に当たった。景気が良くないだけあって、この特製裏地は大評判になって、卸売を希望する呉服店が続出、浴衣地も大好評で、遠く九州方面からも取引を求めてくるほどであった。

丹治が店を持ってから二度目の正月が来た。最初の正月は創業直後でもあり、関係先への挨拶廻りに追われて、丹治は碌に正月気分を味わうこともなく過ごしたが、今年は去年と違って、もう一つ、ぜひとも済ませておきたい大事なことがあった。今年も慎ましく新年を祝うと、丹治は、

「半三郎、私はお義父《とう》さんのところへご挨拶に行ってくる。すぐ戻るから、帰ったらすぐ出られるように、店としてのご挨拶廻りの準備をしておいてくれ」

と言って、手早く身支度を整えると華子の抱く赤ん坊の頬をやさしくつっ突いた。

「ときちゃん、おじいちゃまのところへ行ってくるからね。いい子で待ってるんですよ」

「いってらっしゃい、貴方。ときも私も元気だって伝えてくれる?」

「ああ、伝えるよ」

丹治はそう答えると、改めて華子に、「本当にいいね」と念押しの目配せをして、同意の頷きを得てから出ていった。

丹治が朝一番に向かおうとしていたのは、本郷湯島一丁目の義父小菅又右衛門のところである。神田明神にほど近い隠居宅は、本郷通りに面している割には、明神の木々の緑によって閑静な風情がただよっていた。朝早く訪れたにもかかわらず、元旦ということもあり、又右衛門は上機嫌であった。

「華子もときも元気だそうだし、商売の方もうまくいっているようだな」

「おかげさまで、何事も無くやらせていただいております」

「そうか。わたしが始めたころは、三年目ぐらいが山だった。お前の所も、いつ何が起きるかわからないから、これからも充分気を引きしめてやることだ。今がいいからといって、決して気をゆるめてはいけない」

「そう肝《きも》に銘じております。お言葉のとおり、精一杯励むつもりでございます」

「それがよい。ところで、こんなに早くきたのは年賀の挨拶ばかりではあるまい」

「それでございます。おかげさまで丸一年がたちまして、伊勢庄様はじめ関係先へのお支払いを済ませましたところ、有難いことにこれだけ残すことが出来ました」

丹治が懐《ふところ》から取り出した帳簿には、小額ながら又右衛門の予想を上廻る額が記入されていた。丹治は姿勢を正すと、

「お義父《とう》さん、店を始めるに当たって一万円の財産分与をいただきましたが、ようやくこれだけを一年間で残すことが出来ました。つきましては、あの一万円でございますが、私、今後どんな失敗をするかわかりません。ですから、その時の予備金として、一応お預かりおきをお願い出来ないかと思ってご相談に上がった次第です」

「預かる？　いや、あれは、お前達にあげたお金だ。正式の財産分与なのだから、自分達で持っていなさい」

「いえ、そういう意味ではございません。私は店を始めたばかりでございます。いつ、ど

んな失敗を仕出かすかわかりません。このお金が手元にあると、つい甘えが先に立って、自力で乗り越えられるものも乗り越えられなくなってしまうのが怖いのです。どうか私を育てるというお気持ちで、お預かりおきいただきたいのです」

「そうか。そういうために預かれというのであれば一応預かってもよいが、あれはあくまでもお前達の金なんだから、必要になったらいつでも遠慮なく取りに来なさい」

こうして明治二十一年元旦、角を立てぬよう上手に一万円を義父に返した丹治は、当初の夢、自力で義父をこえるような大商人になろうという目標に向かって、心も新たに歩き出したのである。とはいえ、明治二十一年も厳しい年であることに変わりはなかった。この頃の一石当たり平均正米相場は、明治十九年が五円六十銭、明治二十年が五円丁度、明治二十一年が四円九十三銭と低落の一途をたどっており、この米暴落が全国農村の中間層に与えた生活苦は並大抵のものではなかった。和歌山県下伊那郡では、農民が蜂起して郡役所を破壊するという米騒動が起きた。生活苦は都会においても同様で、長崎のタバコ切職工、四日市の煉瓦製造工、大阪の油絞職人のストライキが相次いでおこり、物価も金利も低落が激しく、市場には少しの生気も感じられなかった。

柳原土手に夜店を開く

「兄さん、今年はどうも状況がおもわしくないように思えるんだけど」

「お前もそう思うか。正直なところ、かなり状況は厳しいよ。卸売りの方も動きが止まっているし、一番痛いのは、肝心の日銭が稼げないことだ。ごらんのとおり店は閑古鳥だろ？ 鑼呉服の方も人様のやることだからねぇ」

「それで、どうするね？」

「どうするもこうするもないよ。もっと働くしかないさ」

「それはそうだけど、もう目一杯働いているじゃないか」

「いやいや、まだ働きが足りないと思うよ」

「何いってるんだい。朝は暗いうちから働いて、店を閉めてからも真夜中まで働きづめじゃないか」

「それでも人様と同じしか働いてないんだよ。もっと働かなくては人様を超えることなんか出来ないんだ」

「そうかなあ、二人とも人様よりは働いていると思うけどねぇ。これ以上働くんだったら、一日がもう少し長くなってくれなければ無理だよ」

「無理じゃないさ」

「それじゃ何かい、一日をもっと長くする方法があるとでもいうのかい?」

「そうだよ」

「馬鹿もいいかげんにしてくれよ、兄さん。一日は二十四時間に決まっているだろ」

「そうなんだけどね。私達が働いているのは店を開けている間だけだろ?」

「店を閉めてからだって働いているじゃないか。今日一日の締めに商品整理、明日の準備に包装紙づくり、ねえさんの手を借りても終わらないぐらいじゃないか」

「そういうことじゃなくてさ、稼ぐことに使ってないってことだよ」

「店を閉めてから稼ぐ?」

「そうだよ。私はね、人の出ている所に行けば、夜中だって少しは稼げるんじゃないかと思ってるんだ」

「てことは、夜店をやるってことかい?」

「そうさ。店を閉めてから夜店をやれば、今までよりは稼ぐ時間が長くなるってもんだろ。少しは売上げが増えると思うんだ」

「なるほど、今まで少し店の営業時間にとらわれすぎていたみたいだなぁ」

「うん。二、三日前から考えていたんだが、差し当たって金をかけずに私達が日銭を稼ぐにはこれしかないと思ってね。今日から始めるよ」

「夜店かぁ、窮すれば通ずだね、兄さん」

「ああ、だから今日から店を閉めてからのことは華子とお前でやってくれ」

「何いってるんだい。夜店みたいなことは私がやるから、兄さんは店の方をやってくれよ」

「いや、夜店は私がやる。そのうち手伝ってもらうかもしれないが、当面は自分でやってみるつもりだ」

「そうかい。それならいいけど、いつでも代わるから言ってよね」

「ああ、頼りにしているよ」

「それで、どこでやるつもり？」

「柳原の土手でやろうと思っている」

「柳原の土手？　なぜ？　あそこはうちとは程度が違いすぎるじゃないか」

「柳原土手を選んだ理由、その一。あそこは店から近い。だから、何かと便利だ。第二に、あそこで売られている品は、値段の割には質が良くない、だから、質の良い物を安く出せば売れる筈だ。第三に、大半の店が夜には閉めてしまう。その後に売る分には、営業妨害にならない。だから無用なトラブルが起きない。どうかね?」

「そういえばそうだね。あそこなら夜中まで人が通るしね」

柳原土手というのは、万世橋から浅草橋までの神田川南側の総称で、江戸城の鬼門にあたったため、厄よけの柳を両岸土手に植えたことによってこの名がついた。江戸時代、衣類は耐久消費財と考えられていたため、人々は洗い張り、仕立てなおしをくりかえしながら、古着の売り買いを日常的におこなっていた。明治に入っても古着屋の数は減らず、東京では神田柳原土手、日本橋富沢町、芝日蔭町などが有名であった。大半の店が店閉《みせじま》いする夕方七時頃になると、丹治は万世橋左側の柳原土手に戸板を持って行き、桐生と足利の木綿織物を並べて夜の商いを始めた。通る人ごとに声をかけ、商品を広げては買い得であることを説明した。お買い上げのないお客さまには、ここで気に入った品が無くても、眼鏡橋そばの店まで来てくれれば、同じ値段でもっと品数が揃っていると、伊勢屋丹治呉服店の宣伝を忘れなかった。日を追うごとに丹治の戸板店は評判を呼び、単なる夜店業者がやっているのではなくて、歴《れっき》とした店舗を構えている呉服店の夜店であるとの信用を得て、常連客が増えると共にかなりの売上げを得ることが出来た。昼間は外廻りに励み、夜は戸板店を開くことによって丹治の睡眠時間は数時間に減ったが、華子の献身的な協力と励ましによって頑張りぬくことが出来た。

こうして明治二十二年を迎えると間もなく、大日本帝国憲法が発布された。この帝国憲法発布は、近代国家に生まれ変わろうとしている日本にとっては画期的事件であった筈だが、皮肉なことに、人々の関心を集めていたのは、もっぱらオッペケペー節の方であった。

◇

権利幸福きらいな人に、自由湯をば飲ませたい、オッペケペッポーペッポーポー、かたい上下《かみしも》かどとれて、マンテルズボンに人力車、いきな束髪ボンネット、貴女に紳士の扮装《いでだち》で、うわべの飾りはよけれども、政治の思想が欠乏だ、天地の真理がわからない、心に自由の種をまけ、オッペケペー、オッペケペッポーペッポーポー

◇

亭主の職業は知らないが、おつむは当世の束髪で、言葉は開化の漢語にて、晦日《みそか》の支払いカメ抱《だ》いて、不似合だ、およしなさい、何も知らずに知った顔、むやみに西洋を鼻にかけ、日本酒なんぞは飲まれない、ビールにブランデーベルモット、腹にも馴《な》れない洋食を、やたらに食ふのもまけをしみ、内緒《ないしょ》でそーっと反吐《へど》ついて、真面目な顔してコーヒ飲む、

帯の伊勢丹　模様の伊勢丹

可笑《おか》しいねぇ、オッペケペー、オッペケペッポーペッポーポー

◇

オッペケペー節は、自由民権運動に身を投じて自由童子を名乗っていた川上音二郎が、まだ志を得ずに大阪で落語家をしていた頃、後鉢巻に陣羽織、日の丸の軍扇片手に高座で自作自演したのが始まりである。この滑稽で風刺のきいた歌詞を、木版刷の小本にして壮士が街頭で読み売りしたことで爆発的に流行した。

「兄さん、〝カメ抱いて〟って変じゃないの?」

「変じゃないよ。〝カメ〟はねぇ、〝洋犬〟のことを言うんだ。ここでは愛玩犬のことだな」

「ふうーん、だけど、なんで〝犬〟のことを〝カメ〟って言うのさ、おかしいよ」

「それはね、最初に英語を覚えた日本人が勘違いをしたからなのさ」

「だって〝犬〟は〝ドッグ〟だろ?」

「うん、そうなんだけどね。最初に英語を覚えようとした人はね、外人が"Come here"って犬を呼んでいるのを〝カメや〟と聞いて、すっかり〝犬〟は〝カメ〟だと思い込んでしまったのさ」

「ふーん、兄さんは意外と物知りなんだねぇ」

「そんなことはないよ。正直いうと、お客様が教えてくれたことだ。お客様とのお話の中にはずいぶんと役に立つことが多い。半三郎もお客様の言われていることは充分注意して聞いておくことだ」

「そうだねぇ。世の中の動きも、どこが何してどうなったかも、すべてお客様の話からわかってくるからね」

「そのとおりだ。〝人の口に戸は立てられぬ〟〝火の無い所に煙は立たぬ〟だからね」

「だけど、悪意をもって嘘を言う人も居るから注意しないとね」

「そのとおりなんだけど、私はね、お客様の声を謙虚に聞いて、創業の時の〝初一念〟を忘れずに判断さえすれば、道を誤ることは決してないと思ってるんだ」

「なんで〝創業の時の初一念を忘れずに〟なんだい？」

「私がこの店を始める時、伊勢庄の日野島庄兵衛様から餞別に頂戴したお言葉があるんだ。要するに〝初心忘るべからず〟ってことだな」

「そうか、物事を始めたときの真剣な気持ちをいつまでも持ちつづけなければならないということだね？」

「そうだ。お買い上げ下さるお客様とお売り下さるお取引先の一人ひとりこそが天下の代表なのだと心得て、お互いに満足できる取引ができるようにつとめる。誠実、着実な商法によって、売り手・買い手の双方から喜ばれ信用されるように努める。それが伊勢屋丹治呉服店がとるべき商売のやり方だということさ」

丹治が創業してからの数年間の景気は、明治十四年から十八年にかけての不景気にくらべれば良くなってはいるのだが、それはあくまでも比較の問題であって、実情は少しも良いとは感じられなかった。こうしたなか、昼間は外交に、夜は戸板店の販売にと励む丹治にとって、華子と半三郎の協力は心強いかぎりであったし、ときの笑顔は何よりの励ましであった。そんな忙しさの合間をぬって、産地に仕入れに出向くのも丹治の仕事であった。花柳界や実業界のお客さま、そして名家への取引を目指す以上、仕入れる品は一品といえどもおろそかに出来ない。そんな出張の折り、仕入先の京都で丹治が見かけたのは、小切れを輪につるして売っている風景であった。これは面白いと思った丹治は、帰京するとすぐに夜店の売り方に取り入れてみた。やってみると、輪につるして売るのが通行人の目をひくとみえて面白いように売れる。「しめた」と思った丹治は、次から次へと小切れを輪につるして売りまくり、かなりの常連客を作ることに成功した。

「半三郎、夜店を始めたおかげで売上げも上がってきた」

「そうだね。だけど大丈夫かい？　兄さんは働きすぎだと思うけど」

「大丈夫だ。これくらい、なんてことはないよ」

「だけどねぇ、朝から夜の夜中までだろ？　兄さんに何かあったら大変なんだから、少しは考えた方がいいよ」

「そうだなぁ」

「兄さんが夜店をはじめたおかげて固定客も増えたし、売上げも安定してきている。そろそろ人手を増やす時期なんじゃないの？　今のままだと、これ以上の商いは望めないと思うんだ」

「そのとおりだろうな。人手を増やすことはずっと考えていた。いい機会かもしれないね」

「景気もよくないから、小僧だったら直ぐ来手《きて》があると思うんだよ」

「そうだなぁ。思いきって伊勢庄さんにでも頼んでみるか？」

　こうして小僧二人が伊勢屋丹治呉服店に入ることになった。このとき入店した吉野亀次郎は、後に丹治の商品開発を助け、伊勢屋丹治呉服店が東都に「帯と模様の伊勢丹」の名声を轟かす原動力となる。もう一人の金田新六は、後に外売部門を統括して得意先の開拓に力を発揮する。それはまた後の話として、以後、伊勢屋丹治呉服店では年を追うごとに数を増やして採用を続け、明治二十六年頃には店員数も二十名を超えるまでになった。

教育勅語に励まされて

さて、二人の小僧を雇い入れて店の陣容を整えた丹治は、次の新商品開発に取り組み始めた。

当時、旅籠町一丁目・二丁目・三丁目の商店数は百軒ほどであったが、その三分の一が芸妓商であった。江戸時代からの米商人・米穀問屋でさえ二十数軒であったから、その多さはきわだっている。丹治が調べたところ、講武所芸者は八十人近くいることがわかった。そして芸者の衣裳は年々派手になってきている。ここに商売の種はないのか？

「半三郎、旅籠町に芸者は何人いるか知ってるかい？」

「芸者の数なんて考えたこともないよ。兄さんに馴染《なじ》みでも出来たのかい？」

「とんでもない。旅籠町だけで八十人は居るんだぜ」

「驚いたなあ、そんなに居るの」

「旅籠町だけでこれだけいるんだから、神田周辺の芸者だったら何人いるかわからないなあ」

「馬鹿らしい。芸者の数に感心してたってしょうがないじゃないか。怒るよ！」

「まてまて、違うんだよ。芸者の〝出の衣裳〟の注文を取ることはうちの店の最大の目標の一つだろう？　だけど、今のうちの実力では、芸者が〝約束の座敷に出る時の衣装〟を取ることなんか夢のまた夢だ。でも〝着更《きがえ》〟ならどうだ。ほれ、お酒が入ってさ、座がなごんできた頃になると芸者は箱部屋に下がって、〝出の衣装〟から普段着めいた衣装に改めるじゃないか、〝普通の座敷着〟に。この〝着更《きがえ》〟ならどうだ。〝普通の座敷着〟なら喰い込む余地があるんじゃないのか？」

「〝着更《きがえ》〟は小紋だから我々も扱ってるけど、もうすっかり出入りの業者が決まっちゃってるよ」

「それはわかってる。だからうちは新商品で喰い込めばいいのさ」

「そりゃあそうだけど、何があるというんだい？」

「それがあるんだよ、もちろんこれから作るんだけれどね。二次会的な席や普通の座敷着は小紋なんだろう？　だからその小紋をね、織物で出したらどうかと思ってるんだ」

「染め柄を織物で作るってこと？」

「そう。織りで小さい模様《もよう》を散らしたら豪華だぜ。ぜったい女心を刺激すると思うんだよ」

「そうだねぇ。そりゃぁ豪華だろうけど、出来るかなあ？」

「やってみなけりゃわからないじゃないか。織物ならいい値段をつけられるし、〝着更《きがえ》〟だから沢山出る筈だし、きっと飯の種になると思うんだよ」

丹治が話を持ち込んだ桐生の機屋は、丹治の指定する何種類かの小紋柄を、さっそく機《はた》織《お》りにかけて見事に再現してくれた。

「どうだい、半三郎。仲々の出来だろう？」

「すごいね。これはいいよ。うーん、こんな素晴らしいのが出来るとは思わなかったよ。姉さんにも見せたら？」

「そうだね。華子《はなこ》、おーい、華子」

「なんですか、騒々しい」

「これを見てくれ」

「まあ、素晴らしい。なんて見事なんでしょう」

「これをね、芸者さんの〝着更《きがえ》〟いわゆる〝普通の座敷着〟として売り出そうと思っているんだ。いってみれば、今までの〝着更《きがえ》〟の一格上を狙ったものなんだ」

「いいところに目をつけたわねえ。あの人達が待っていた商品だと思うわよ。きっと飛びつくと思うわ」

こうして売り出した織りの小紋は、華子の言ったように芸者達の心をつかみ、売れるの売れないのという話ではなく、店売りは勿論のこと、問屋筋が是非分けてくれとせがんでくる騒ぎまで起きて、その注文量は莫大なものとなった。

こうして創業から三年目を無事乗り切ることが出来た丹治に、息つくひまもなく、更なる試練が押しよせてきた。後に「明治二十三年恐慌」と言われることになる金融恐慌である。

明治二十三年は米価が前年の二倍に急騰し景気は後退。都会では、それ破産だ、それ失業だと、皆が生活苦におびやかされていた。地方は更に深刻で、一月十八日には富山で市民三百人が市役所に押しかけた。以後、新潟・富山・福井・石川・山口・鳥取・広島・滋賀・京都と各地で米騒動が頻発。東京も例外ではなかった。

「貴方、またお米が値上がりしたのよ。うちは伊三郎の所から買っているからまだいいけど、他所様は大変でしょうね？」

「そうだなあ。うちだって、伊三郎さんが米問屋でなかったら、今頃は青息吐息だったかもしれないよ」

「浅草で餓死した人が居るっていうけど、本当なの？」

「ああ、本当だ。米があんまり急に高くなったものだから、景気が悪くなって生活できない人が増えているんだ。餓死した人は本所にも居るし、芝、葛飾、千住などでも出ているそうだ。餓死しないまでも、飢えに苦しんでいる人がどれほどになるか、政府も正確にはつかめていないらしい。深刻だよ」

「そう。でも、うちは大丈夫なんでしょ？」

「ああ、なんとか乗り切れると思う。なんといったって掛売りをしてないからね。すべて現金だし、日銭が入るのがうちの強みだ。掛売りすると結局二回商売することになるから無駄が多い。最初から現金取引で押し通したのが良かったよ」

「そうだったわね。現金正札付きで一切《いっさい》掛け売り無しだから、働けば働くほど日銭が入ってくる。仕入先への支払いは月末だから、それ迄お金を融通することができる。こんな旨いことはないわね」

「うん。華子が台所を引き締めてやってくれているから助かってるけど、これからはもっと厳しくなると思う。俺も頑張るから、華子も頼むね」

丹治が予想したとおりであった。米価高騰に伴う米取引の過熱により資金需要が急激に増えたうえ、明治十九年から二十二年の第一次「企業勃興」で誕生した新会社の資本金払込が集中したことも加わって、金融はあっと言う間に逼迫、恐慌が起こる。この金融逼迫は明治二十四年初めまで続き、多くの新会社がつぶれた。

誰もが生きるのに必死になって、人々の心が殺伐としていた時、その心を静め、「そうであった」と反省の思いを起こさせたのが「教育勅語」であった。明治二十三年十月三十日、明治天皇の御名のもとに「教育勅語」が発布されたのである。

教育勅語

朕惟《ちんおも》ふに我《わ》が皇祖皇宗《こうそこうそう》　国《くに》を肇《はじ》むること宏遠《こうえん》に　徳《とく》を樹《た》つること深厚《しんこう》なり　我《わ》が臣民《しんみん》克《よ》
く忠《ちゅう》に克《よ》く孝《こう》に　億兆心《おくちょうこころ》を一《いつ》にして　世々厥《よよそ》の美《び》を済《な》せるは　此《こ》れ我《わ》が国体《こくたい》の精華《せいか》にして
教育《きょういく》の淵源亦実《えんげんまたじつ》に此《ここ》に存《そん》す　爾臣民《なんじしんみん》　父母《ふぼ》に孝《こう》に兄弟《けいてい》に友《ゆう》に　夫婦相和《ふうふあいわ》し朋友相信《ほうゆうあいしん》じ　恭《きょう》
倹己《けんおのれ》を持《じ》し博愛衆《はくあいしゅう》に及《およ》ぼし学《がく》を修《おさ》め業《ぎょう》を習《なら》ひ　以《もっ》て智能《ちのう》を啓発《けいはつ》し徳器《とくき》を成就《じょうじゅ》し　進《すすん》で公益《こうえき》
を広《ひろ》め世務《せいむ》を開《ひら》き　常《つね》に国憲《こくけん》を重《おも》じ国法《こくほう》に遵《したが》ひ　一旦緩急《いったんかんきゅう》あれば義勇公《ぎゆうこう》に奉《ほう》じ　以《もっ》て天壌《てんじょう》
無窮《むきゅう》の皇運《こううん》を扶翼《ふよく》すべし　是《かく》の如《ごと》きは　独《ひと》り朕《ちん》が忠良《ちゅうりょう》の臣民《しんみん》たるのみならず　又以《またもっ》て爾《なんじ》
祖先《そせん》の遺風《いふう》を顕彰《けんしょう》するに足《た》らん

斯《こ》の道《みち》は　実《じつ》に我《わ》が皇祖皇宗《こうそこうそう》の遺訓《いくん》にして　子孫臣民《しそんしんみん》の倶《とも》に遵守《じゅんしゅ》すべき所《ところ》　之《これ》を古今《ここん》に通《つう》じて謬《あやま》らず　之《これ》を中外《ちゅうがい》に施《ほどこ》して悖《もと》らず　朕爾臣民《ちんなんじしんみん》と倶《とも》に　拳々服膺《けんけんふくよう》して　咸其徳《みなそのとく》を一《いっ》にせんことを庶幾《こいねが》ふ

明治二十三年十月三十日
御《ぎょ》名《めい》御《ぎょ》爾《じ》

丹治はこれを読んで、その徳目の崇高深遠なことと、条理をつくした内容に深い感銘を受けた。丹治は、翌朝店の者を集めると、丹治自らその趣旨の説明をすると共に、全員にその遵守を求めた。

『皆さん、おはようございます。今日ここにお集まり願ったのは、畏れ多くも今上天皇陛下がお示し下さいました教育勅語について、私から直接お話ししたいと思ったからです。皆さんも読んだと思いますが、この教育勅語は、今上天皇陛下が、わが日本国の有り方と、我々国民の守り行うべきこと、そして進むべき道を示されたものです。私は、その内容の素晴らしいことに感激をいたしました。まことに、天皇陛下のおっしゃるとおりです。我々は、日々の出来事に目を奪われて、本来の勤めを忘れがちです。私達は、呉服を商《あきな》うことで世のため人のために働いていることを忘れてはなりません。世間は今、大変な生活苦に襲われておりますが、我々はそれに負《め》げずに、実業によって国のために尽くすことを第一としなければいけないのです。そのことを教育勅語は私に思い起こさせてくれました。いまから私が、陛下のお言葉をわかりやすくご説明しますので、ぜひ皆様も、この陛下のお気持ちを理解されて、お言葉にしたがい、それを守っていただきたい。伊勢屋丹治呉服店の店主として、心からお願いする次第です。それでは、申し上げます。

教育勅語

私達の祖先の方々は、日本の国を遥か大昔に遠大な理想を以ってお開きになり、道徳というものを、いつくしみ深く根づかせました。その結果、国民全体が忠孝に励み、国の為に心を一つに合わせて、神代から現在にいたるまで、その美風を受け継いで実行してきたことは、これこそ我が国柄の一番すぐれているところであり、教育の根源もここにあります。

国民の皆さんは、子は親に孝養をつくし、兄弟、姉妹はたがいに力を合わせて助け合い、夫婦は仲むつまじく解け合い、友人は胸襟を開いて信じあい、そして自分の言動をつつしみ、すべての人々に愛の手をさしのべ、学問を怠らず、職業に専念し、知識を養い、人格をみがき、さらに進んで、社会公共のために貢献し、また法律や、秩序を守ることは勿論のこと、非常事態の発生の場合は、真心をささげて、国の平和と、安全に奉仕しなければなりません。そして、これらの教えをよく守り行うことは、善良な国民としての当然のつとめであるばかりでなく、また、私達の祖先が、今日まで身をもって示し残された伝統的美風を、更にいっそう明らかにすることでもあります。

このような国民の歩むべき道は、祖先の教訓として、私達子孫の守らなければならないところであると共に、このおしえは、昔も今も変らぬ正しい道であり、また日本ばかりでなく、外国で行っても、まちがいのない道でありますから、私もまた国民の皆さんとともに、この道徳を守り実行して、皆が同じように立派な日本人となることを、心から念願するものであります。

明治二十三年十月三十日

御名御爾《ぎょめいぎょじ》

すなわち陛下のお名前とお印でございます。

以上、教育勅語をお話し申し上げました。お聞きになっておわかりのように、この中には、我々が守り行うべき徳目が十二ほどあげられています。それを私は、つぎのように一表にまとめました。

教育勅語の十二徳

一、孝　　行（こうこう）子は親に孝養をつくしましょう。
二、友　　愛（ゆうあい）兄弟、姉妹は仲よくしましょう。
三、夫婦の和（ふうふのわ）夫婦はいつも仲むつまじくしましょう。
四、朋友の信（ほうゆうのしん）友だちはお互いに信じ合ってつき合いましょう。
五、謙　　遜（けんそん）自分の言動をつつしみましょう。
六、博　　愛（はくあい）広くすべての人に愛の手をさしのべましょう。
七、修学習業（しゅうがくしゅうぎょう）勉学にはげみ職業を身につけましょう。
八、智能啓発（ちのうけいはつ）智徳を養い才能を伸ばしましょう。
九、徳器成就（とくきじょうじゅ）人格の向上につとめましょう。
十、公益世務（こうえきせいむ）広く世の中の人々や社会の為になる仕事にはげみましょう。

十一、遵　法（じゅんぽう）法律や規則を守り社会の秩序に従いましょう。
十二、義　勇（ぎゆう）正しい勇気をもってお国の為に真心をつくしましょう。

以上、十二の徳目は、私達日本人が身に付け、守り、実践していかなければならない行動規範でございます。どうか皆さんも、伊勢屋丹治呉服店で働く者として、この教えを守り、立派な日本人になっていただきたいと思います。「教育勅語」と「教育勅語の十二徳」は書き出して、いつも食事をする部屋に掲げておきますので、どうか皆さん、折あるごとにこれを見て、身を正し、自分の仕事に邁進していただきたいと思います。

景気の先行きは不透明であったが、丹治の心は明るかった。恐慌何するものぞ、我に教育勅語あり！　丹治は、自分が今まで努力してきたやり方が、決して誤りでなかったことを確信したのである。

創意工夫で恐慌を乗り切る

そうはいっても、状況は依然として厳しかった。
「兄さん、ずいぶん潰れる所が出ているようだね」

「ああ、どこもかしこも厳しいからねえ。私たちも今まで以上に気を引きしめていかないといけない」

「それにしても夜店を始めといてよかったね」

「まったくだ。おかげで店の方まで潤《うるお》っている。有難いことだ」

「こうなってみると、夜店で声をかけて店売りにつなげるのを確実にやるってことが第一になるね」

「うん、それは大切だけど、それだけでは不充分だ。これからは他所と同じことをやっていては生きのびられないと思うんだよ」

「そんなに見通しは暗いのかい?」

「ああ、闇雲に働くだけでは、この不況は乗り切れない感じがする。ちょっと日本中がおかしいと思うんだよ」

「そう、だったらどうしていく?」

「当面は今やってることの効率を上げる。そしてそれを確実な売上として定着させる。そしてその間に次の手を打つのさ」

「そうだね」

「だから夜店はもうしばらく続ける。柳原土手随一の目玉商品があるからね」

「小切れのことかい？　あいかわらず凄い人気だよね。ところでさ、小僧も雇ったんだからもっと夜店を手伝わせてさ、そろそろ兄さんは店売り中心の生活に戻った方がいいんじゃないの？」

「いずれそうするけど、もうしばらく続けないとね。ところでさ、私はね、小切れをもっと、なんていうか、いっそ店の方の目玉商品にしてしまったらどうかと思ってるんだ」

「えっ？　それはどうかなあ。店で輪につるして売るのは品格がないんじゃないの？」

「それは私も感じている」

「それにね、店で売るとなると、それだけの量は確保できないよ」

「うん、それで考えたんだけどね、売るのは夏と冬の年二回にしたらどうかと思ってるんだ」

「年二回の売出しねぇ」

「うん、小切れを何枚か重ねてね、それに文庫紙の古くなったのを細長く切ってさ、小切れを重ねた頭につけて〝寄せ切れ〟って名前で売り出したらいい商売になるんじゃないかと思うんだ」

「〝寄せ切れ〟ってのはいいね」

「そうだろ、販売単価が上がるし、年二回なら倉庫に溜め込んでおくことが出来る」

「いいねぇ。うちの目玉商品になるかもしれないね」

丹治は華子の意見も聞きながら、日頃のお引き立てに感謝する意味で、奉仕値段で年二回販売することにした。夏衣売出しを六月の五、六、七の三日間、冬衣の売出しを十一月の五、六、七の三日間とすることに決め、伊勢屋丹治呉服店の売出しの目玉商品としたのである。

ところで、こういった寄せ切れをつくるには、沢山の残り切れが無くてはならない。一般に、友禅縮緬や友禅羽二重などは、一度に一反を必要とすることは稀で、せいぜい一丈から一丈二尺、一丈五尺もあれば足りるので、お客さまは割高であっても必要な量だけを買おうとする。その際に出る残り切れが本来の小切れであるが、どこの呉服店でも、これはそう沢山できるものではない。そこで丹治は、大量に仕入れた反物や在庫の中から、一反を二つに切って一丈五尺ずつの有り切れにし、一疋を五つに切って一丈二尺の羽織裏むきの有り切れにするというふうに切り分けて、政策的に大量の小切れをつくり出し、出来上がった寄せ切れを倉庫に蓄《たくわ》えておくことにした。こうして始まった伊勢屋丹治呉服店の

「寄せ切れ売出し」は回を追うごとに評判となって、これがまた、丹治に次のアイディアをもたらした。

呉服太物を年間を通して売っている以上、仕入れた商品の中には当たりもあれば外れもある。反物の中には、文字どおり柄が悪いとか、値段が高いとか、大量に仕入れすぎたとか、織りむらがあるとか、染めむらがあるなど、正価で売りにくい反物も出てくる。こういった商品を値下げして売るのが「見切反物」である。とはいえ、こういったものが沢山あったとしたら、それこそ仕入れの失敗であり、格下げ額もかなりになって、店としての損害は大変なものになる。当然、自然に出来る見切品は多くない。これを意図的にもっと大量に作り出して、「寄せ切れ」に便乗して売り出したらどうかというのが丹治のアイディアであった。伊勢屋丹治呉服店では、創業当初から大量仕入れと自家生産を行っている。それらは店頭売りと外売りに加え、糶《せり》呉服でさばくほか、同業呉服店仲間や問屋筋に卸売りをしているが、その気になりさえすれば、処分材料は山ほどある。丹治は原価計算を慎重に行った末、値下げをしても充分利益の出るような反物類をそれに当てることにした。そして次の手が広告・宣伝であった。

丹治は神田明神下に開店した創業当初から、広告、宣伝ということにはかなり気を使っていた。最初は半紙ぐらいの大きさの単色の引札、今でいうチラシ広告を印刷して家ごとに配った。出入りの紺屋、仕立屋、鳶職などの若い男を二人ずつ組にして、印半纏に股引姿の十組ぐらいにチラシ広告を入れた大きな風呂敷包みを背負わせて、早朝から市内各方面の家ごとに配りに行かせたのである。その後だいぶたってから新聞広告を利用するようになったが、それも最初は僅かに一年に二回という少なさであった。伊勢屋丹治呉服店の内情が厳しく費用対効果を考えさせていたからである。その年二回の新聞広告は、六月五、六、七の三日間と、十一月五、六、七の三日間の「夏衣売初め」と「冬衣売初め」の売出し広告で、これには全三段とか、十二段通しなどという可なり思い切ったスペースを使用すると共に、引札広告も併用して動員をはかった。

こうして誕生した「寄せ切れ見切り反物大売出し」は伊勢屋丹治呉服店の名物売出しとなって、数年後には、開店を朝六時とうたってあっても朝の五時からお客さまが買いに来て、閉まっている大戸を叩いて買物をするほどの人気売出しとなった。店員達はてんてこ舞いで、満足に食事もとれないぐらいの混みようであった。丹治も釣銭を入れた鞄を肩にかけて、二重三重にも列が出来てしまった店の前に出て、釣銭を渡したり、全体の動きを見たりして陣頭指揮をとった。店員達が誇りをこめて、この売出しの盛況ぶりを詠んだ川柳がある。
・年二回　畳の上に　人の波
・豆腐屋が　起きたと聞いて　夜業やめ
こうして伊勢屋丹治呉服店の歳月は瞬《また》くまに過ぎ、丹治は新しい商機を見いだそうと、相変わらず商品の改良研究に余念のない日々を送っていた。どこに行っても商品を弄《いじ》りまわし、糸から織り、色柄、使い勝手といった細部にわたるところまで、なにかしら改良の余地、工夫の余地がないかを考えるのが常であった。そんな丹治が産地へ足をはこんだ時、工場の隅に積み上げられたグレーの綿ネルの山を見つけたからたまらない。

「親父さん、この綿ネルはどうされたんですか？」

「丹さん聞いてくれよ。〝すか〟くらっちゃってねえ。嫁入り先が無いんだよ。色がついてなけりゃあ叩き売るってことも出来るだろうが、鼠だけなんでねぇ。どこも見向きもしてくれない。頼むよ、どこかに処分してくれないかねぇ」

「それにしてもずいぶん有りますね」

「そうなんだよ、倉庫にもう一山ある」

「そうですか。よい使いみちがないか私も考えてみますけど、本音のところ、いくらならよろしいんですか?」

「丹さんなら只って言いたいところだけど、うちも商売だからねぇ。糸の仕入れ代金分だけは持ってもらえないだろうか」

「糸代だけ? それじゃ織り賃が出ないじゃないですか」

「仕方ないよ。こっちの見込み違いから始まったことだからねぇ。儲けより処分することの方が先なんだよ」

「そんなに急いでらっしゃるんですか。それじゃあ、私が全部引きうけますから、糸の仕入れ代に織り賃を足した額でどうですか?」

「えっ? それじゃあ、うちは一銭も損しないですむってことじゃないか。うちは助かるけど、無理して買ってもらうのに、それじゃあ申しわけないよ」

「いや、いいんですよ。親父さんとはこれからも長いお付き合いをお願いするわけですから、苦しい時はお互いさまです。今回はどうしても欲しいって物を買うわけではないので、親父さんを儲けさせるほどの値段では買えませんが、ご損をおかけするまで値切って仕入れるのは私の主義じゃあないんです」

「そうかい、助かるよ。若いのに見上げた考えだ。恩にきるよ」

こうして感謝されながら原価で引きとったグレーの綿ネルを、丹治は男女の足袋《たび》に加工した。そしてこれに、「孝子足袋」と銘打って売出したのである。手頃な値段で親孝行の気分を味あわせてくれる孝子足袋は、「父母にはかせる孝子足袋」のキャッチフレーズで爆発的に売れた。不況で荒んだ世の人々にとって、一服の清涼剤となったからである。こうして世間に大受けした孝子足袋は、たちまちのうちに一万足を売り切って、鼠綿ネルの山を消し去った。これが丹治の廃物利用の商品づくり第一号である。同じ流れの商品に、明治三十五年の「かすり足袋」がある。これも丹治が久留米に出張した時に、久留米絣《かすり》の端物が積もり積もって何千貫という量になっているのを見たことから始まった。丹治はこれも足袋に使えると直感した。こうして作った子供用足袋を、生地の名前を生かして「かすり足袋」と銘打って売出したのだが、珍しいのと丈夫なことで売れまくり、しまいには反物をつぶして仕立て、足袋専門の係りを置いて卸売りをするほどになった。これに力を得た丹治は、引き続き瓦斯糸《がすいと》足袋、紺足袋、白足袋などを製造して市内の小売業者に卸売りしたが、丹治の廃物利用の商品は、そのネーミングの良さと品質の良さで売れに売れたのである。

名実相伴《あいともな》う中堅呉服店に

明治二十一年に川上音二郎が創作し、二十二年頃から流行りはじめたオッペケペー節は、明治二十三年恐慌の反動もあり、明治二十四年には爆発的に流行した。

◇

米価高騰の今日に、細民困窮《さいみんこんきゅう》かえりみず、目深にかぶった高帽子、金の指輪に金時計、権門貴顕《けんもんきけん》に膝を曲げ、芸者たいこに金をまき、内には米を倉につみ、同胞兄弟見殺しに、いくら慈悲なき欲心も、余り非道な、薄情な、但し冥土《めいど》のおみやげか、地獄で閻魔に面会し、わいろ使うて極楽へ、行けるかえ、ゆけないよ、オッペケペー、オッペケペッポーペッポーポー

◇

親が貧《ひん》すりゃ緞子《どんす》の布団《ふとん》、敷《し》いて娘は玉《たま》の輿《こし》、オッペケペー、オッペケペッポーペッポーポー、娘の肩掛《かたか》け立派だが、父《と》っさんケットを腰にまき、どちらもお客を乗せたがる、娘の転《ころ》ぶを見習ふて、父《と》っさん転《ころ》んじゃいけないよ、かへり車はかけひきだ、ほんとに返しちゃたまらない、おやあぶないよ、オッペケペー、オッペケペッポーペッポーポー

オッペケペー節は、生活苦にあえぐ人々にとって、遣り場のない怒りの捌け口として息長く唄われ続け、明治二十六年になってようやく衰えた。この間の伊勢屋丹治呉服店としての特筆事項は、明治二十五年に丹治夫妻に第二子が生まれ、愛子と名付けられたことと、店舗に向かって右側に、間口二間半の倉庫を借り増したことであろう。創業に当たって丹治は、店舗と倉庫一棟ずつを借りて開業したのだが、この頃になると、商品の保管場所と増えつづける店員達の寝る場所が足りなくなって困っていたからである。こうして伊勢屋丹治呉服店は、間口二間の店舗と間口二間半ずつの倉庫を両側に備えた堂々たる店構えになった。

◇

そんな折りも折り、日清戦争が始まった。明治初年から富国強兵をスローガンに、ひたすら軍備拡充に邁進してきた政府は、かねてから朝鮮の支配をめぐって角突き合わせていた清国と交戦状態に入った。明治二十七年、朝鮮に甲午《こうご》農民戦争（東学党の乱）が起こり、朝鮮政府の求めに応じて清国軍が鎮圧のため出兵すると、日本も明治十八年に清国との間に結んだ天津条約にもとづいて出兵、七月に豊島沖で清国軍艦に攻撃を加え、八月一日には清国に対し宣戦を布告する。装備・訓練にすぐれた日本軍は、指揮・装備の不統一な清国軍を圧倒。制海権の争奪をめぐる黄海海戦で勝利し、朝鮮半島の成歓・平壌の戦いに勝ち鴨緑江《おうりょっこう》を渡り、遼東半島に進出した。明治二十八年二月威海衛を攻めて北洋艦隊を全滅させ、三月には遼東半島を完全に制圧した。また再蜂起した農民軍を鎮圧し、甲午改革によって朝鮮の保護を推進した。ここに欧米各国の講和の斡旋が始まり、明治二十八年四月十七日に下関で日清講和条約が締結された。清国は朝鮮の独立を承認し、遼東半島・台湾・澎湖列島を割譲し、銀二億両《テール》の賠償金を支払った。これで日本は帝国主義陣営の仲間入りをする条件をそなえたかに思えたが、ロシア・ドイツ・フランスの「三国干渉」を招き、日本は国力と国際情勢を考えて遼東半島を返還し、朝鮮の従属化をめざした甲午改革も、三国干渉直後のロシアの朝鮮進出もあり挫折することになる。そして明治二十八年八月九日、国民共通の思いとして、読売新聞の「なぞなぞ」欄に「遼東半島還附とかけて、蝉の鳴き声と解く。心はつくづく惜しい」というのが掲載された。つくつく法師にかけて、つくづく惜しいというのが還付後の日本国民全体の真情であった。こうして「臥薪嘗胆《がしんしょうたん》」が日本国民の標語となる。

こんな国をあげての対外戦争の最中《さなか》にもかかわらず、伊勢屋丹治呉服店は順調に発展を続け、明治二十七年には店員も二十四、五名を数えるまでになった。店員の増え具合から見れば、創業から八年間で八倍の成長を遂げたことになる。もちろんこのほかに糶《せり》呉服が毎日十名ぐらい出入りしていた。店頭は、売場に番頭が三名、そのうしろに、「うしろ方」といって、番頭の指示で品物を取ってくる小僧と、「倉庫番」といって、倉庫から品出しをする小僧が四、五名待機していた。すでに「店売り」「外売り」「仕入れ」の三部門が明確になり、機能別組織の形が出来上がりつつあった。この当時の伊勢屋丹治呉服店の陣容は

店　　　　主　小菅丹治
商品総仕入　細田半三郎
外売（庶務）　吉野亀次郎
外　　　　売　金田新六
　売　　場
店頭監督　長谷川藤三
卸　　　部　島田年在
綿布綿反仕入　相澤光五郎
　外　　売
外売庶務人事　天野省三

外売助役（外売主任）　清水茂七
外売助役（悉皆《しっかい》部）　清水仁兵衛
外売助役（外売主任）　中井太郎吉
外売助役（出納係）　加藤定吉

であり、主要な役割分担は明治四十年頃まで同じであった。この当時の悉皆部《しっかいぶ》というのは、誂染《あつらえぞめ》や仕立生地を検査裁断して職先に振り分ける仕事で、糶呉服《せりごふく》は依託契約の個人行商人で卸部に付属しており、店員の外売りとは別である。外売りと店頭売りの割合は四対六といったところであった。

丹治は支払い全般を半三郎にまかせるほど弟を信頼していた。丹治は温厚で、鷹揚で、誰にもやさしくて、人の悪口は決していわず、店員を叱るようなことはなかったが、半三郎のほうは利に敏く、ソロバンに堅い商売人であると同時に、店主の補佐役という立ち場もあり、店員の注意や監督の点ではきびしかった。しかし、二人とも頭脳明晰であったうえ、篤実であり、綿密であり、勤勉であった。

こうして兄弟力を合わせることによって、創業直後からの厳しい経済環境を乗り切ってきた伊勢屋丹治呉服店は、すでに名実相伴《あいともな》う中堅呉服店に成長していた。当時の東京における有名呉服店を選びだしてみると、後《のち》の三越である越後屋改め三井呉服店、大丸、白木屋といった大店を別格にして、神田に松屋、伊勢丹、大崎屋、下谷には松坂屋、河越屋、本郷に伊勢屋（伊勢庄）、山加屋、玉屋、浅草に上総屋、太丸屋、伊勢庄から暖簾分けした伊勢福、伊勢新の二店、本所に吉岡、深川に中村屋、上総屋、日本橋四丁目に松屋、茅場町に松屋、田原屋、京橋に越後屋、八丁堀に中島屋、芝に大丸、かづい屋、百足屋、麻布に万長、赤坂に玉屋、村越、牛込にあまさけや、足立屋、小石川に丸屋、四谷に武蔵屋、ほてい屋、三河屋、麹町に徳海屋、久保浜などがあった。

仕入担当の必須条件

明治二十八年に入って、三月頃から市内に空家が目立つようになった。不景気なのである。丹治は伊勢庄時代の十五年間で、景気のよいときには、誰が何を買っても結構もうかることを知っていた。しかし、これは文字どおり儲かるのであって、自分の力で儲けたのではない。丹治は独立してからの十年間近くで、不景気なときに人一倍苦労して儲けるのでなければ、ほんとうの商売人とはいえないことを身にしみて感じていた。そこから丹治が学びとったことは、良い品を安く仕入れて安く売り、回転を早くし、仕入先・顧客ともに満足を与え、しかも大量の品物を扱うことによって自らも大きく利益を得るという商道の基本理念の実行こそが商店経営であるということであった。

この観点から丹治は、仕入れには最も重点を置き、店主自ら仕入れに当たり、他店と同じものを売るのではなく、同じ価格でも、何か他店と違った特徴を持つ品質の良いものを売るように努めた。それと同時に次代の仕入担当者の育成にも心をくばり、仕入担当は取引先に対して信義を守り、一心同体、一方的な利益追求を避け、常に意志の疎通を図って明朗な仕入れを行い、いやしくも他人から誤解を受けるような行為をしてはいけないと声を大にして注意していた。また、よい仕入担当者は優れた人格者でなければいけないというのが丹治の口癖であった。こういった精神面の他に、仕入担当者の必須条件として、商品知識と原価計算の知識を挙げて、この二つに欠けているものは仕入担当になる資格は無いと厳しく教育し、「売る事を知らぬ仕入方《しいれかた》は偶像《でく》の如し」を全仕入担当者の座右の銘として徹底し、実践させていた。比較的金融に余裕のある時代でも手持品の回転率向上については特別に気を配り、仕入れが終わると、これは卸に、これは外売りに、これは店売りにと、即刻それぞれの係りに命じて販売に当たらせ、率先して仕入方が販売に当たることを望んだ。ちなみに「でく」は土・木・石・金属で作った像のことで、転じて「役に立たない人」という意味である。

不景気の中とはいいながら、伊勢屋丹治呉服店の商談場はいつも活気に溢れていた。

「織りと文様からいって、刺繍を考えあわせても、一本七十五銭。こんなところですね。これでどうですか?」

「いや、それはあんまりです。いくらなんでも七十五銭はきつすぎますよ」

「だって考えてごらんなさい。八百本まとめ買いするって言っているんですよ。そのくらいでお出しになったっていいじゃないですか?」

「いやいや、それはご無理というものです、こちらだって商売ですから、その値段じゃ到底やっていけませんよ」

「うそを言っちゃいけませんよ。損した損したといって儲けてるのはどなた様ですか? この種の帯はね、声をかければどこでも持ってきてくれるんですよ。値段だって、もっと安くなるかもしれないから、いっそ他所《よそ》様に注文だすことにしましょうかねぇ」

「そんな殺生な。昨日今日の取引じゃないんですから、もうちょっと色をつけて下さいよ。こっちだって生活がかかってるんですから」

「よく言いますねぇ、まったく。八百本まとめて買いますから、一本七十五銭。たまには協力して下さいよ」

「七十五銭はかんべんして下さいって、いくらなんでも帯が泣きますよ」

「どうしたんだね？」

「あ、旦那様。いま帯の値段のことで交渉中なんですよ」

「毎度お世話になっています。いやぁ、買っていただきたいのは山々なんですが、あんまり御値段がきついんで、もう少し色をつけていただきたいとお願いしているところなんです」

「どれどれ、私にも見せてごらん」

「八百本まとめ買いしますんで、一本七十五銭でとお願いしているところです」

「なるほど。この手のものだけなんだね？　そうだねぇ、この手のものだったら八十銭でいいんじゃないの」

「八十銭ですか？　高すぎますよ旦那様」

「有難うございます、旦那様。有難うございます。本当に助かります」

丹治は後日、この仕入担当が陰で、「旦那様が余計なことをされるので高いものを買わされた」とこぼしているのを知り、別室に呼んだ。

「裕さまや、こないだは横から口を出して済まなかったけど、商売というものは、一人角力《ずもう》はできないものだからね、そこのところだけはわきまえといて下さいよ。仕入れは何より値頃を見ることが大切ですけども、仕入先も大事にしないといけないんだからね」

「それはわかっております。でも旦那様、もう少し安くなるとはっきりわかっておりますのに、言い値で買うのはおかしいんじゃございませんか?」

「その気持ちはわからんでもないがね。裕さま、うちの商売は、良いお取引先があって初めて順調な商いが出来るんで、決して一方的であってはいけないのですよ」

「値切ることは、そんなに一方的なことでございましょうか?」

「そういうことではありませんよ。相手が納得する程度ならよろしいのですよ。でも、相手が困るまで値切ってはね」

「どうしてでございますか? 少しでも安く仕入れた方が、うちにとってもお客さまにとっても、お得になるのではございませんか?」

「それはね、裕さまの思い違いでございます。商売はね、売る方も買う方も、双方ともに立つようにしないといけないからでございますよ。一方的に利益を得るということは、決して長続きしませんからね」

「お言葉ではございますけど、お取引先も儲けるためにうちに持って来ているんじゃございませんか？　私には、長続きするかどうかは、お取引先の努力次第のように思えるんでございますけど」

「たしかにそう思いたくなるときもありますね。でも、それだけではないんですよ。例えば、いつもうちが買い叩いてばかりいたとしましょう。お取引先だって商売ですから、うちをやめて、もっと儲かる所に売りに行くことになります。そうなればうちには商品が入って来ません。どうしたらよいですか？　よそのお取引先も同じように買い叩いておりますから、どこからも商品は入ってこないでしょう。結局うちには商品が入らないことになる。違いますかね？」

「そういえばそうでございますけど、うちとしては少しでも安く仕入れて、少しでも安くお売りするのがお客様商売に携《たずさ》わる者としての義務なのだと思うのでございますが」

「そのとおりですよ。でもね、商売は一回かぎりではないんですよ。ずうっと長く続けていかなければなりません。そうでないとお客さまも困りますからねえ。商品を適正な値段で安定供給していくためには、お取引先の協力が絶対的に必要なんです。だから、お取引先も長く成り立っていけるように儲けていただかないといけないんですよ。

それからね、裕さま。安くて良いものを売り出すためには、うちもお取引先も双方が儲かって、それで尚且《なおか》つ安く売れるようでなくては本当の良品廉価とは言えないんですよ。だって、どちらかの犠牲のもとに安く売るのであれば、長続きなんてしないでしょうからね。そんなのは、商売として邪道なんですよ」

「そうでございましたか。私は単純に、安く仕入れれば、それだけ安く売れるからお客さまのためになると思っておりましたけれど、それは本当の意味でお客様第一ではないということでございますね」

「そのとおりでございますよ。良いものを安く売る。とても大切なことでございます。でも、それは続かなくては駄目なんです。そのためには、私どもが音頭をとることが必要なんです。私どもがお客さまの気持ちを推し量って、何が求められているかを摑み、世のため人のためになるものをお取引先と共同で開発して、お客さまに喜んでいただくことが必要なんです。そのためには、それをやれるだけの力がなくてはなりません。いってみれば体力ですね。お互いが儲かっていなくては、新しいことの開発にお金は廻せないのですよ。それをやれるだけの儲けがあれば、お客さまの声を知っている私たちと、それを作れるお取引先とが一致協力して、今までに無い良いものを創り出すことが可能になるのでございますよ」

「そういうことでございましたか。よくわかりました。旦那様がいつもおっしゃっているお客さま第一とお取引先との共存共栄ということは、そういう意味なのでございますね？」

「そのとおりでございます。私はね、長年にわたって御援助いただいているお取引先でも、ごく最近のお取引先であっても、深く心からのおつきあいをして、長くお取引をしていきたい。だから、一つの品が他店より少し高いからといって、直ちに牛を馬に乗りかえるような現金なやり方はしたくないのですよ。間口はせまくても奥行きの深い、しっくりした紳士的な取引に終始したいんです。私たちが優良で理解あるお取引先を多く持った時、初めて業績もあがり、成功すると思うのですよ。〃餅は餅屋〃と申しますように、なんてったって商品作りに関してはお取引先のほうが専門家でございますからね。

私はね、〃お客さま第一〃〃堅実な商い〃〃取引先との共存共栄〃そして〃上下心を一にして〃を店風にしたいんですよ」

このように丹治は、取引先を大切にし、大きな取引先でも小さな取引先でも平等に扱い、高圧的に仕入先をたたいて、何がなんでも値引きをさせて買うといった「がめつい」仕入方法はとらなかった。丹治は「適当な値頃で買えば、仕入先も、よろこんで良い品を持ってくる」という信念のもとに仕入れを行っていたのである。

あまさけや買収と朝日弁財天

そんなある日のこと、丹治は織物問屋久保田商店の十代目で親友の久保田喜右衛門から思いがけない話を聞いて仰天した。牛込区市ヶ谷田町二丁目にある福永儀八経営の「あまさけや呉服店」の廃業である。

「〝あまさけや〟って、江戸時代からの太物屋だろう？　一体どうしちゃったんだい？」

「家庭内の乱れだよ」

「家庭内の乱れだって？　驚いたな。それだけで、あれだけの旧家が潰れてしまうのかい？」

「そうなんだよ。一度がたつきだすと、商家って意外と脆いものだね。いま債権者から頼まれて、どこか引き継いでくれる所がないか探しているところなんだ」

「それにしても〝あまさけや〟って名前は変わってるよな」

「名前の由来はね、今から百数十年前に福永という人が信州から出てきてね、〝福永屋〟を名乗って羅宇《らお》や煙管《きせる》の商売を始めたのが最初なんだ。そのあと甘酒屋に鞍替えしてね、この商売が長かったんで〝あまさけや〟の名前が定着してしまったんだ。その後いまのような古着屋というか既製品の呉服店を始めたんだけど、それからも釜にしこんだ甘酒をふるまってお客さんをもてなしていたから、誰いうとなく〝あまさけや〟が店名になってしまったんだな」

「なるほど。歴史のあるお店だから、今でも地盤は凄いんだろうな？」

「そりゃあそうだよ。お得意先は山の手のお屋敷町、牛込、麹町、四谷、赤坂、麻布、小石川をはじめ、三多摩方面、水戸方面など、ずいぶんと広いよ」

「すごいね。うちの狙っている所ばかりだ」

「なにしろ昔は水戸様と尾張様の御用達《ごようたし》みたいなものだったからねぇ」

「それは又どうしてなんだい？」

「参勤交代だよ。参勤交代で地方からお侍さんが出てくるだろう。こういったお侍さんは江戸に入るとね、田舎から着てきたものを江戸向きに改める必要があったわけだ。その場所が〝あまさけや〟だったんだよ。彼らは田舎から着てきたものを脱いで売り、江戸向きの着物を買って着て、それで江戸勤番をしたわけだ。それで江戸詰めの期間が終わると、また〝あまさけや〟に寄って郷里の衣服に買い替えて帰っていったんだよ」

「なるほどねぇ。〝のこぎり商い〟の店だったんだ」

「そう、〝行ってこい〟〝帰ってこい〟で、二度儲ける商売だね。市ヶ谷あたりには、こういった商売の店が多いんだよ。〝あまさけや〟は、主に水戸家や尾張家の藩士たちが参勤交代に着てきた衣服を買って、それを繕《つくろ》って売っていたんだね」

「それじゃあ、御一新で商売は一段と厳しくなっただろうなぁ」

「そうなんだよ。それなのに主人が商売そっちのけで芝紅葉館の女中に入れ揚げちゃってさ、念願かなって女房にしたのはいいんだけど、肝心の店の方は駄目にしてしまったってわけだ」

「困ったもんだねぇ。たしか看板も有名人の筆だろう？」

「そうだよ。けやきの一枚板でねえ、天皇陛下の侍従だった剣聖山岡鉄舟の揮毫だよ」

「そうか、本当に由緒ある店なんだなあ」

「うん。長年続いた江戸時代からの旧家だから、潰すのは本当に惜しいんだよ。だから、何とかお前さんの力で存続を考えてもらえないかと思ってね」

「そう言われてもねえ、第一、おいそれと買える額じゃないんだろう？」

「そうでもない。店の従業員は皆真面目だし、持っている顧客名簿からいったら高くないよ」

「それにしても幾らなんだい？」

「土地・建物・商品を含めて、全部で八万円てとこかな」

「八万円かぁ。呉服屋一軒にしちゃあ、ずいぶん高いね。何かあるのかな？」

「他にずいぶん地所を持ってるんだよ、約千坪かな。それも含めての値段なんだ」

「そう、でも土地には興味がないからなあ……待てよ、伊三郎が最近土地に手を出しているなあ。話によっては乗ってくるかもしれない。うん、そうなれば話が違ってくる」

「そうこなくっちゃ。この店の地盤はお前さんにとって絶対に役に立つと思うから、なんとしても手に入れておいた方がいいよ。それに〝あまさけや〟の名前を残すことは、歴史の重みを知っている俺達の務めだと思うんだ。それにはお前さんが〝うん〟と言ってくれなくっちゃねえ。絶対に損はさせないから買っちゃえよ」

「そこまであんたが言うのなら引き受けるとするか。ただし、お前さんの連帯保証つきだな」

「連帯保証でも何でもいいから伊三郎さんに話してこいよ」

「そうだな。連帯保証は冗談だけど、まずは実際に見てからだ」

こうして丹治は、親友のすすめにしたがって、この由緒ある呉服店の買収に踏み切った。

「あまさけや呉服店」の持つ顧客地盤にひかれたからである。明治二十八年十一月、丹治は久保田商店の斡旋で、およそ千坪の土地と店舗・商品を八万円で買収すると、店舗と関係のない大部分の土地は義弟小菅伊三郎に売却することで結着をつけた。この頃から小菅本家は土地を買い増し、十数年後には土地だけでも市内に三万有余坪を所有する土地持ち長者となっていく。丹治は「丸永あまさけや」の商号と旧店員をそのまま継承すると、矢代多三郎を支配人に据えて、伊勢屋丹治呉服店の支店として位置づけ、十一月十五日から十七日までの三日間、「伊勢屋丹治呉服店支店〝㊍甘酒屋呉服店〟開店」として売出しを行った。丹治は三十七歳、半三郎は二十六歳になっていた。矢代多三郎は神奈川県橘樹郡生田村榎戸で太物商を営んでいた気骨ある人物で、丹治の伊勢庄時代の朋輩であった。矢代の次の支配人は訳あって名前を省くが、明治四十年以後は宮下亀治、柴田権三郎と優秀な支配人が続き、明治四十五年十月以降は丹治の二女愛子の婿が支店長をつとめることになる。

この「あまさけや」買収後、丹治は幾つかの変わった出来事を体験することになる。その一つを紹介すると、「あまさけや」を買収してから数日たった或る夜、丹治の夢枕に立つものがあった。

「我は小菅家の守護神である。谷中のこの寺に居るから早く迎えに来い」

それが三夜続いた。丹治は不思議に思って大番頭の吉野亀次郎にその話をすると、吉野も「私も同じ夢を見ました」と言うではないか。早速その寺を訪ねてみると、住職も同じ夢を見ていて、「小菅が迎えに来たら、早くその家に連れて行くように」と告げていたのは、昔からその寺にある朝日弁財天であった。しかしそのとおりにして、寺に何も無いというのは檀家の人たちに申しわけないということで、丹治は急遽仏具屋に頼み、新たに仏像を造らせて納め、寺の朝日弁財天を持ち帰った。それを丹治は市ヶ谷のあまさけやの庭にまつり、毎年祭礼を行っていた。そしてある年のこと、突然あまさけやの支配人に弁財天がのりうつり、自分の悪業をしゃべって失神してしまった。正気に返った支配人を問いただすと、すべてその通りであった。丹治が支配人退職の手続きをとったのはいうまでもない。

弁財天は、怨敵《おんてき》を除き、世間を饒益《じょうえき》し、福徳・智恵・財宝を与える神といわれ、あまさけやに祭られていた朝日弁財天は今、新宿伊勢丹本店本館屋上で伊勢丹の繁栄を静かに見守っている。

三　日蓮主義に目覚めるまで

忠実服業一筋で

丹治は商売というものが心底好きであった。そのため、ことのほか信用を重視した。お客さまに対して失礼があってはならないと、店員達には厳しく約束を守ることを要求した。丹治は、人間の信用を形づくる一番の基本は、約束を守ることだと信じていた。どんな無理難題であっても、また余所目《よそめ》には馬鹿らしいことであっても、お客さまの満足されることならば喜んでこれを行い、又、実行することを伊勢屋丹治呉服店のサービスの第一信条とした。また丹治は、一言いうのにも、一つの動作にも万全を期して、お客さまに御満足と好感を与えるのが伊勢丹人であると考えていた。丹治自身も几帳面で礼儀正しく、自社工場であっても、黙ってずかずかと入って行くようなことはなく、玄関をあけて「ごめん下さい」と声をかけ、中から誰か工場関係者が出てくるまで、きちんと玄関に立って待っていた。

仕入方針については、広く浅くという事よりも狭く深く、一回限りの取引よりは繰り返し繰り返し長く取引を続けることを好み、取引先との共存共栄を信条として、店に来る取引先の若者達には、折にふれて自分の経験談を面白おかしく話して聞かせ、彼等の役に立つよう気をくばっていた。

丹治は夜が遅いので朝は特に早いという方ではなかったが、朝寝坊の店員達を起こしてから一緒に仕事を始めることが多かった。本店である神田店での仕事が一段落すると支店のあまさけやに向かい、必ず一日の帳締めまで立ち合ったので、帰宅は夜の一時過ぎが普通であった。店員の家庭生活にもよく気を配っていて、自分が病気で休んでいるときでも、番頭の奥さんが病気で休んでいると聞くと、自分の見舞いにいただいた布団を持たせて見舞いに行かせるほど気を遣っていた。食事についても、一般の商家では主人たちは一等米を食べ、店員達には三等米を使用するのが普通であったが、丹治は全く主人、店員のへだてなく二等米を使用し、惣菜も同じものを食べていた。店員が五十人までは女中に食事を用意させ、五十人以上になってからは、日本橋岡本商店の仕出し弁当を使用した。

丹治の私生活はいたって質素であり、贅沢な遊びや道楽からは縁遠いものであった。唯一の慰安が大田区にある森ヶ崎鉱泉に保養に行くことで、熱海、箱根、伊香保などの温泉地は、遠いのと贅沢であるということで決して行こうとしなかった。趣味は将棋と俳句で、お酒は好まなかったが飲めば飲める口で、数百人のお客様を接待するような宴会では一升ぐらい飲むこともあった。最初は煙草も吸っていたが、身体に悪いと言われると、素直に止めてしまい、以後は一度も口にすることはなかった。

丹治は自分が苦労したため、みんなが気持ちよく働けるよう常に気を配っていた。自分の家族に対しても、

「主人の家族だからといって店員たちより偉いと思ってはいけない。一番偉いのは、自分で働いて給料をもらっている人達なんだから」

と、店員たちを大切にするよう釘を刺していた。

丹治は話術が巧みで、人を逸《そ》らさないだけでなく、いつもニコニコしていて、たとえ失敗があっても決して店員を一方的に叱りつけるようなことはなかった。

ある雪の降る日のことであった。

「大分ひどくなってきたなぁ、甲助はまだ戻らんか?」

「まだでございます、旦那様」

「雪がひどくなってきたから手間どってるのだろうが、それにしても遅いなぁ」

「お急ぎの御用でございましたか?」

「うん、どうしても急ぐんで大雪の中を無理して行ってもらったんだが、それにしても本当に遅いな」

「私がそこまで見てまいりましょうか?」

「いや、そこまではしなくていい。どうせ帰ってくるにきまっているんだから」

丹治は一旦奥へと去ったが、又しばらくすると顔を出した。あきらかに待ちきれない様子である。丹治は何か言いかけそうにしたが、思い直したように又奥へと入っていった。かなり待ちくたびれているような丹治の様子を見て、誰もが〝こりゃぁ甲助の奴、早く帰ってこないと雷の凄いのが落ちるぞ〟と心配しているところに、ひょっこり甲助が帰ってきた。

「番頭さん、只今もどりました」

「おお帰ったか。旦那様がさっきからお待ちかねだ。そのままでいいから、すぐ報告に行ってきなさい」

「はい、かしこまりました」

「旦那様、遅くなりました。甲助、只今もどりました」

「おお戻ったか。返事はもらってきただろうな?」

「はい、こちらでございます」

「ご苦労さん、寒かっただろう。どれ、ちょっと返事を見させてもらうから待っててくれ……なになに? うん、そうか、わかった。これでよし、と……甲助、良い返事をもってきてくれて有難う。ところで甲助、この雪の日にどのような足駄《あしだ》を履いて出たんだ? ちょっと見せてごらん」

「見せるって、こちらにお持ちするのでございますか?」

「そうだ。かまわないから持ってきなさい」

甲助が恐る恐る持ってきた高下駄を一目見て丹治は、

「これはいかんなぁ、甲助。このように歯がゆがんだ高下駄では早く歩けるものじゃないよ。用事の遅かったのは甲助が怠けたのではなくて、高下駄の具合が悪かったからだとわかった。しかしなぁ、甲助。急ぎの用事の時には、早く歩けるように、履物にまで注意していかなければいけないんだよ。どれ、鋸《のこぎり》を持ってきなさい。歯を真直ぐに切って歩きやすいようにしておこうじゃないか」

心配していた店の者が拍子抜けするような丹治の言葉であった。丹治は叱るのではなく、使いが遅かったことは叱責に値することを甲助に分からせる一方で、仕事における準備や段取りの重要性をわからせていたのである。

このように丹治は、どんな過失に対しても頭ごなしに叱りつけるようなことはしなかった。本人が、何故注意をうけているのか充分理解できるようにしながら、叱られたのではなく、教えていただいたという気持ちにさせて、その結果、誰もが気持ちよく働けるようにしていたのである。

丹治は人に負けるのがきらいで、商売のこととなると目の色が変わったが、好奇心もまた人一倍強い方であった。明治二十八年八月、神田小川町に世間ではまだ珍しいローラースケート場が出来ると、さっそく出かけていく物好きなところもあった。それからは、運動になるからと、よく散歩がてらに滑りに行く丹治であった。

この頃の日本は、明治二十七年に始まった日清戦争で清国より台湾と澎湖島を割譲させ、また揚子江沿岸の諸都市を開港させたことにより、中国・朝鮮に進出する足場を得ていたうえ、明治二十八年十一月八日の遼東半島還付条約による償金を含めると、清国からは約三億六千万円の賠償金を受け取っていた。これは日本にとって約二億円の戦費を補って余り有る大きな収穫であった。政府は賠償金として得た正貨を基金として金本位制を採用したほか、「臥薪嘗胆《がしんしょうたん》」を合言葉に陸海軍の軍備拡充を進めたので、軍需関係産業が急成長した。また、明治二十八年半ばから日本銀行が積極的貸出方針をとったことにより、銀行・鉄道・紡績などで第二次「企業勃興」がおこり、多くの株式会社が生まれた。その一方で物価は急激に上昇し、戦争前の二倍、三倍になったものも珍しくない。

呉服業界も好景気の恵みを受け、どの店も大変な忙しさであった。冬衣料の売出しを翌日に控えた伊勢屋丹治呉服店では、大戸を閉めた店内で開店準備に大童《おおわらわ》だった。

「半三郎、そろそろ夜が明けるから夜業を止めさせてくれ。仮眠を取れる者は取らせて、そうでない者は開店に向けて準備にかからせてくれ。交代で食事を取らせることも忘れずにな」

「午前三時半だというのに、もうお客さまが集まってきているよ、兄さん。〝お早いが勝ち〟って新聞広告に謳ったのがききすぎたみたいだね」

「〝㊐名物よせ切れ見切反物の格別大安売り〟って打ち出したんだから無理もないよ」

こうして六時の開店と同時に店は満員となり入場制限、それから午後八時頃まで、いれかわり立ちかわりの盛況であった。以前に丹治が仕入れてあった大量の商品は、ことごとく二倍三倍の値段で売れた。店の売上げも一躍三倍以上にはねあがり、当時二十七人いた店員たちは天手古舞の忙しさであった。

「旦那様、近頃にない売れ行きでございましたね。おかげさまで倉庫の持ち越しもすべて捌けてしまいました」

「そうだね。これも番頭さんはじめ皆が頑張ってくれたおかげですよ。お礼を言います」

「滅相もない。すべて旦那様の差配がよろしいからでございますよ。こんな好景気の中でも潰れるところは潰れているんですから」

「そうだねぇ。景気が良いからといって経営がうまくいくとは限らない。好景気だと誰でも気がゆるむんだよ。つい旨い汁を吸おうと思って本業以外の事に手を出したりするんだ。そして気がついた時はもう手遅れだ。にっちもさっちも行かなくなっている。うちも充分注意しておかないとねえ」

「うちは旦那様がおられる限り大丈夫でございますよ」

「嬉しいこと言ってくれますねえ。だけど店の者は、この好景気でうちも儲かると単純に思いこんでいるみたいですよ。好景気とうちの商売はイコールではないのにねえ」

「そうでございますよ。米作、養蚕が良いからって、直接うちの商売と繋がっているわけではございませんからねえ」

「そのとおりだ。お金を手に入れた方に、如何に沢山買っていただくかが我々の生命線さ。幸い軍人軍属は征清の軍功で賞金が出ているし、農家は豊作、天下泰平となったから一般市民も我慢していたことを解禁して、これまでよりは贅沢に走り出すだろうから、この機会を逃す手はない」

「ご婚礼も大分ふえているそうでございますよ」

「そうですか、御婚礼関係の衣裳は、うちの得意とするところですから、ぜひ商売につなげるようにしたいものですねえ」

戦勝によって二十八年の下半期は、全国の事業会社が高率配当を競いあうという騒ぎまで起きた。大阪土木会社の十一割を最高として、三割足らずの配当をした会社は非常に多い。

明治二十九年になると、東京市中では貸家不足となり、渋谷・新宿・王子・向島・品川方面に貸家の新築が目立つようになった。日清戦争の開戦から戦中にかけて、多かった貸家札は、出征者が帰ってきたのと戦後景気のため激減し、家賃も三、四割方高くなった。

明治三十年秋には「物価騰貴近来未曾有」と新聞が報じるほどになったが、職工手間賃の騰貴によって、芝居や寄席などはどこも大入りで客足のとだえることは無かった。しかし、好景気の底ではインフレーションが進行し、加えて米の凶作で米価は上がり、ピーク時には五割高という高値になった。生活必需品も上がり、庶民の生活は圧迫され、主要産業にストライキが頻発した。明治二十三年にも米騒動は起きているが、明治三十年も例外ではなかった。明治三十年八月、石川県宇出津で婦女子五百人が米商へ抗議に押しかけ、以後、北陸・東北を中心に、十一月下旬まで各地で米騒動が続発し死傷者が出た。

明治三十一年一月十五日の「東京経済雑誌」は、戦後の不景気による諸物価の高騰によって年賀状の数が例年の三分の一に減った事と、その年賀状の一つに、

「謹んで新年を賀し、併せて物価の下落を祈る」

というのがあったと報じた。

世間が好景気に浮かれたり、不景気を嘆いている時であっても、丹治は世間の風潮に流されることなく、十年一日のように仕事に励んでいた。丹治は明治天皇が至尊の身をいとわず、避暑や避寒にも行かれないことに感奮《かんぷん》して、天皇の赤子《せきし》としての国民ということからいっても、

「われわれは国家のため寸刻も怠けてはいられない」

と、仕入れに、販売に、そして商品の開発に励んだ。

「ひとの二日分を一日で働く、これが人の道である、日本人である」

が丹治の口癖であったから、店員達も仕事第一で、遊芸事に溺れる者は一人も居なかった。明治三十一年にはいっても丹治の一貫した堅実な足どりは変わらず、すべて良く研究してから事に当たっていた。例えば、他店の長所や世間で成功して流行《はや》っていることを取り入れる場合でも、丹治は直《す》ぐには取り入れず、自店の現状を考え、そして研究し、それを伊勢屋丹治呉服店として同化し得ると判断した時に初めて取り入れた。丹治は思慮深く、慎重で堅実な人間であったうえ、「忠実服業」という言葉があるように、何よりも本業を大切にし、毎日の努力を怠らなかった。

河越屋の買収と店舗の増築

そんな丹治が豹変する時もあった。

「甚さん、知ってるかい？　旦那様が上野の河越屋をお買いになったってこと」

「えっ？　河越屋って阿部呉服店のことだろ？　あそこは松坂屋呉服店よりでかいぞ！

そんな店を買えるわけないじゃないか。和さん、誰にそんな嘘を吹き込まれたんだい?」

「それがどうも、本当に買ったらしいんだよ」

「そんな馬鹿な！　一体、誰がそう言ってるのさ」

「さっきね、番頭さんが立ち話しているのを柱のかげから聞いちゃったのさ。どうも本当に本当みたいだよ」

「へえーっ、本当だとしたら凄いことだね。だってさ、うちの持ってない花柳界の上顧客が全部手に入るんだぜ。本当に買ったのかなあ?」


本当であった。丹治は、当時上野松坂屋呉服店のそばで、松坂屋より盛業中であった「河越屋阿部呉服店」が廃業するという話を聞くと、電光石火、店主阿部幸満に話をつけて店舗と商品すべてを買い取ってしまったのである。丹治を知る人から見れば、常日頃に似合わぬ速断に逸《はや》ったように思えたが、そこには深い理由が隠されていた。丹治は創業当初から花柳界・実業界・名家に得意先を持ちたいと願っていた。それはこの三方面が一番呉服を購入してくれる上得意先であったからである。丹治は以前から「河越屋」の持つ顧客層に目をつけていた。そこには伊勢屋丹治呉服店の持っていない涎《よだれ》の出そうな客筋があった。丹治は三万円という大金をはたいて買収を終えると、残りたいという店員はそのまま伊勢屋丹治呉服店に迎え入れた。河越屋が廃業に追いこまれたのは、鉱山や政治に関係したためであった。丹治はこういった同業他店の失敗を見るにつけ、人間は一業に専念することが肝心だと思い、生涯、一業専念を貫いた。河越屋の買収資産は、その土地建物と商品であったが、のちにその建物は売却し、土地は賃貸にした。

この下谷区上野町一丁目十六番地の「河越屋阿部呉服店」買収により、丹治は「あまさけや」の持っていた山の手の上流顧客と水戸方面の地方顧客に加えて、下谷浅草方面の有力な地盤、とくに下谷湯島の花柳界の多くの常得意と有力な販売網とを確保することになる。こうして丹治が創業当初から抱いていた経営上の着眼点、「花柳界・実業界・名家に得意先を得る」という目標の第一段階は達成された。明治三十一年、創業から数えて十二年目、丹治四十歳の時のことである。

丹治はこのほか、芝の紀伊国屋、太田屋、吉原の吉野屋、浅草駒形の伊勢福、坂本の呉服店などの廃業に際しても、求められるままに商品を買収し、整理に協力した。その清算に当たっては、卸部門の機能を充分に発揮して赤字が出ないよう十二分に注意していた。

こういった積極的な企業買収と日々の地道な努力の積み重ねによって、伊勢屋丹治呉服店の営業成績は順調であったが、丹治の家庭生活の方は必ずしも順調とは言えなかった。

「大番頭さん、旦那様は、ちょっとおかしいんじゃないでしょうか？　働きすぎですよ」

「そうですねぇ、私も、少しはお休みになるように申し上げているんですがねぇ」

「ここのところの働き様は、何かに取り付かれてるみたいじゃないですか」

「まったくですね。一体どうされちゃったんでしょうか？」

「それに、ろくろく寝ていらっしゃらないみたいですよ」

「あれは寝てらっしゃらないんじゃなくて、眠りたくても眠れないんですよ」

「やっぱり奥様のことでしょうか？」

「それしかないでしょう。この店が今日こうあるのも、お二人で散々苦労された結果なんですから」

「まずいですよねぇ。旦那様がいま倒れられたら、うちはえらい事になりますよ」

「そうですとも」

「お子様も小さいですし」

「やっぱりお母さんが必要ですよねぇ」

「はやく次の奥様をもらわれるよう、大番頭さんからもおすすめして下さいよ」

「それればかりはねぇ、亡くなった奥様は本当に良く出来た方だったからねぇ」

「そうはいっても、こう寄合所帯になっちゃったら、旦那様が居なくちゃ廻っていかないんですから、一日も早く旦那様が安心して仕事だけに取り組めるような体制を作らないと、店が立ちゆかなくなりますよ」

「そのとおりでございますよ」

「新しいお得意様が増えましたけど、そちらの方は手前共番頭におまかせ下さって、少しはお休みを取られることと、ご家族の将来のこともお考え下さるように大番頭さんから話して下さいよ」

「私が申し上げても決心を変えるような旦那様じゃないんですけどね。この際だからじっくりご相談申し上げてみますか。それにしても困ったことですよねぇ」

明治三十一年五月十二日、かねてから療養中の妻華子が、十二歳と七歳の二人の女の子を残して三十五歳の若さで世を去ってしまったのである。丹治は同志であり良き理解者であった妻の死を心から悲しみ、静かに追慕の念にひたりたかったが、店の事情の方がそれを許さなかった。明治二十八年に「あまさけや呉服店」を、そして今また「河越屋阿部呉服店」を買収し、それによって店員数も増加し、呉服の小売販売のほか、卸、出張販売、加工生産と、いずれも著しく仕事量が増え、伊勢屋丹治呉服店として丹治の不在を許すほどのゆとりがなかったのである。それからというもの、丹治は華子を失った悲しみを忘れるため、ひたすら仕事に打ち込む日々を送っていたが、二人の子供を抱えた男やもめを周りが放っておくわけはなかった。その年の暮、人々のすすめに従って丹治は、後添いに女太《めた》を迎えた。彼女は官吏の娘で、商家の生活には疎《うと》い人であった。明治三十二年十月八日には三女かつ子が生まれ、育児と奥の仕事に追われている女太にかわって、長女ときが商家の主婦としての表の仕事を肩代わりするようになっていったのは当然の成り行きであった。生前の華子は、女性として必要なことを身につけさせようと非常に厳しくときに稽古ごとを習わせたが、肝心のときの方は、お供の小僧をまいて売出しの手伝いをしにいくのが常であった。ときは何よりも店の手伝いが好きであったし、性格が父親とそっくりであったからである。こうしてときは、明治三十五年までお茶の水高等女学校に通ったが、四年生の時に退学し、家業を手伝う道の方を選んだ。

さて、こうした同業他店買収による商業地盤の確保と商品面の工夫、また卸部の活用によって、伊勢屋丹治呉服店の商売は拡大の一途を辿ったが、店員数も本支店を合わせて創業時の二十七倍に当たる八十名を数えるようになったので、店舗の狭隘が問題になってきた。そこで明治三十三年五月十八日、丹治は現店舗の敷地と増築予定の隣地を買いとる約束を地主の吉田利助と結ぶと、新店舗の建築に取りかかった。それまでの店舗は間口が二間、向かって左側に呉服倉庫としての間口二間半の土蔵があり、右側には雑品倉庫としての間口二間半の土蔵を配した構えであったが、丹治は店舗を間口三間で新築しなおし、それにともなって、向かって右側の土蔵も新築しなおすことにした。向かって左側の土蔵は二階を大広間に改造して、店舗二階と行き来できるようにして、敷地内の北西には新たに井戸を掘ることにした。

「棟梁、残した蔵の軒先きに仮店舗を設けたい。屋根と壁をつけてそれらしくしてくれますか」

「わかりました。それにしても、あまり大きなものは出来ませんよ」

「わかっている。ほとんどの者は支店のあまさけやに行かせるから、伊勢屋丹治呉服店仮営業所の看板を大きく出して、営業していることがわかるように出来ればいいんです」

「左様でございますか。ところで旦那様はどうなさるんで？」

「家族はあまさけやに行かせますが、私はこの蔵に寝とまりします」

「そりゃあ大変だ。ご無理じゃございませんか？　畳も無いんですよ」

「莫蓙《ござ》でかまいませんよ。起きて半畳、寝て一畳。主人たるもの、それぐらい我慢できなくてはつとまりません」

新店舗が完成するまでの間、丹治は店員と同じ蔵の中に寝とまりし、店員と同じように大根河岸からの出前の握り飯で三食をすませ、陣頭指揮をとり続けた。

仕事も一段落した或る夜、丹治は大号令をかけた。

「おーい、皆あつまれ。棟上げまで、今夜からこの敷地内で角力《すもう》を取ることに決めた。健康と親睦を兼ねた遊びだから、皆もそのつもりで楽しんでやってくれ」

「角力大会ってことですか？　旦那様」

「そうだ。総当たり制で、毎晩一位から三位までは賞品を出す。最後に優勝者同士による王者決定戦を行う」

「小人数の割には本格的じゃないですか」

「私はね、狭い仮店舗で頑張っている皆の苦労に報いたいんだよ」

「そうですか。皆よろこぶと思いますよ」

番頭が予想したとおり、店員達は喜んでいた。

「賞品が出るんだとよ」

「誰が勝つかな？」

「角力だったら裕さまだろ？」

「いや、皓さまも仲々のものだ。そう簡単に負けないいんじゃないか？」

「いや健どんだよ」

「違うよ、康吉にきまっている」

侃々諤々《かんかんがくがく》、あっというまに皆が燃え上がった。そして、店舗と土蔵を取り壊した更地に土俵がつくられて、店員たちによる力戦が毎晩くりひろげられた。土俵の位置は少しずつ変えられて、棟上げの日までには皆の足が敷地内を満遍なく踏み固めていた。こうして伊勢屋丹治呉服店の地固めは店員達自身の力によって成しとげられた。

棟上げの日、四間にも余ろうという蔵の大梁《はり》を往来の真中に横たえた棟梁は、

「旦那様、お店の弥栄《いやさか》を祈念して一言《ひとこと》……」

と丹治に筆を差し出した。

筆を受けとった丹治は、大梁《おおはり》にまたがると墨痕あざやかに「天地長久」の四文字を梁の上に大書した。

「〝天地長久〟でございますか。して、どういう意味でございますか？」

「棟梁、〝蔵の生命は天の如く長く、地の如く幾久しかれ〟という祝福の意味だよ」

「さようでございますか。ますますお店の繁栄が期待できるってことですね」

「棟梁、この蔵は巽《たつみ》（南東）に位置するんですよね?」

「左様でございます」

「そうすると、今度掘る井戸は北西に位置するから戌亥《いぬい》井戸……」

「左様でございます。〝巽蔵《たつみぐら》に戌亥井戸《いぬいいど》〟家相上の吉兆を備えた芽出度いお店になります」

「そうか、それは嬉しいなあ。これからのわが店の繁栄は疑いなしってことだ」

明治三十三年十一月五日新店舗竣工、盛大な新装開店売出しを行った丹治は、予定どおり明治三十四年十一月二十日に堀川区在住の地主吉田利助から旅籠町二丁目三番地の宅地四十坪と四番地の宅地四十一坪を買いとった。買収総額五千八百円。こうして丹治は、敷地八十一坪の所有地に、間口三間の店舗と両側に間口二間半ずつの土蔵を備えた堂々たる新店舗と、市ヶ谷にあまさけや支店を経営する呉服店主となった。明治十九年の創業から数えて十四年目のことである。新本店は丹治の予想どおり、「丸伊《まるい》の巽蔵《たつみぐら》、戌亥井戸《いぬいいど》」と持て囃されて、伊勢屋丹治呉服店は一躍、東京新名所「眼鏡橋」そばの吉兆を備えた呉服店として知られるようになった。

その後も丹治は店舗の拡大増築を心掛け、明治四十三年六月二十七日に隣接する角地、神田旅篭町二丁目五番地の宅地百五坪と二丁目六番地の十一坪と十五坪の家屋を買収して増築を行っている。

真のオリジナル商品とは

明治三十年代四十年代を通じて、丹治は一層多くの創意工夫をこころみ、新機軸を出して世間の耳目をそばだたせた。

明治三十三年頃は「紋織風通《もんおりふうつう》」と「風通大島《ふうつうおおしま》」が大流行した。「風通《ふうつう》」は二重織で、表裏に異色の糸を用い、表裏に反対の模様が現れるように織り出した織物なのだが、いち早く流行に気がついた丹治は、柄、色、風合いなど直接桐生の機屋に指示して独自の風通を織らせた。丹治創案の風通は反価十八円五十銭で、他店の品より質がすぐれているのに安いということで、関西方面からは大量に卸売の注文が舞い込んで、自店での販売をあわせて莫大な量を生産することになった。

つづいて丹治は、桐生、足利、佐野、館林の機業地をはじめ、市内数ヶ所にも専属の工場、特約工場を設け、そこで御召《おめし》、結城《ゆうき》、縮節織《ちぢみふしおり》、瓦斯縮《がすちぢみ》など、図柄を細かく指示して自店製品を織らせた。これらの工場で造られた商品の中で、「あさひ染め」と命名した浴衣地は反価八十八銭が大好評で、生産が間に合わないほどの売れ行きを示した。縮みの織物で、西郷銅像の商標で「薩摩ちぢみ」と命名して織り出した品は反価一円八十銭が格別に好評で、大阪の丸紅商店と名古屋の春日井商店の特約品として契約が結ばれた。そのほか縮みの織物で「茂美上布」反価一円九十五銭、「舞子縮」反価二円三十銭という高級縮みも生産し、お客さまが名指しで買いに来るほどの売れ行きを示した。冬物では「風通大島」のほかに、紬の織物で反価九円八十銭の「おほほ紬」と命名した渋好みの品を生産しており、これも大いに外売りで売れて生産が間に合わないほどであった。

そしてこの年、丹治は柳橋芸妓の明治三十四年「春の組踊り」の踊り子と、舞踊の音楽を受け持つ地方《じかた》の衣裳全部を調製することになった。柳橋見番の親方が大の伊勢屋丹治呉服店びいきであったからである。

「伊勢屋さん、私はね、以前から御宅《おたく》の模様物を見るのを楽しみにしていてね、いつも感心しているんだよ。そこで今度の組踊りの衣裳は全部、伊勢屋さんにお願いしようと思ってね」

「有難うございます。毎度ご贔屓にあずかっておりますうえに、今度は創作模様で組踊りの御衣裳をつくらせていただけるとは、呉服屋冥利に尽きるお話でございます。伊勢屋丹治として、精一杯、お気に召す模様になりますよう知恵を絞らせていただきます」

「そうこなくっちゃ。では、まかせましたよ。私はね、伊勢屋さんなら、きっと他所には無いような素晴らしいものが出来ると期待してるんですよ。ああ、それからね、地方《じかた》の衣裳もあわせてお願いしますね」

「かしこまりました。春の組踊りの、芸子《げいこ》さんと踊りの音楽を受け持つ地方《じかた》さんの御衣裳全部でございますね、たしかに承りました。ところで、おさしつかえなければ教えていただきたいのですが、組踊りはどういったものをお考えでございましょうか？　柄行《がらゆき》を決める参考になればと思うのでございますが」

「組踊りはね、〝御守殿踊り《ごしゅでんおど》〟でいこうと思ってるんだよ、なんていったって今いちばんの流行《はやり》だからね」

「〝御守殿踊り〟でございますか。それはまた優雅な踊りを選ばれましたですね」

「うん、そこでだ。伊勢屋さんにはね、御殿女中の典雅で優美なところをね、ぜひ衣裳に反映してほしいんだよ」

「さようでございますか。〝御守殿〟といえば、本来は三位《さんみ》以上の大名家にお輿入れされた将軍家の姫君のことでございますよね？」

「そう、姫君の暮らされる御住居《おすまい》を貴《とうと》んで御守殿と呼ぶんだけど、そこから〝御守殿〟は姫君御本人と、そこに仕える奥女中のことを意味するようになったのさ」

「そうでございましたか。それでは奥方様の御殿にお仕えする奥女中方に恥じないような柄行の御衣裳を用意させていただきます」

丹治は、喜びを嚙みしめながら店への道を急いだ。

「亀さま、柳橋から〝模様〟の御注文をいただきましたよ。〝春の組踊り〟の芸子さんと地方《じかた》さんの御衣裳一式だ」

「それはようございました。待ちに待った朗報でございますねえ。本当に長かったですよ、旦那さま」

「そうだなあ、やっと創業以来の念願が叶うってことだ」

「苦節十五年でございますよ」

「そんなになるのかね、時のたつのは早いものだねえ」

「それで、どういった模様をご希望なんでございますか？」

「それがね、すべて任せるっておっしゃるんだよ」

「それはまた豪儀なことでございますねえ。一切、ご注文なしでございますか？」

「うん。他所には無いような素晴らしいものを頼む、ということだけだ」

「それが一番の問題でございますよ」

「ああ、うちを信頼して、すべて任せるっていうんだから、ご期待を裏切らないようにしないとなあ」

「旦那さまは軽くそうおっしゃいますけどね、それが一番大変なことなんでございますよ。任された以上、変なものは出せませんからねえ。それで、踊りは何か決まっているのでございますか？」

「〝御守殿踊り〟だそうだ」

「いま流行《はやり》の踊りでございますなあ」

「この模様の出来次第で、うちの花柳界での評価が決まってしまうことは確かだ」

「まったくでございますよ。チャンスであると同時に試練でもございますねえ」

「亀さま、〝精神一到何事か成らざらん〟だよ。心に誠意さえあれば、どんなにむずかしいことだってやりとげられるさ」

「そうでございますよね。それでは模様の選定から始めますか？」

「そうだな。まず、今までの模様の中に良いものがないか、ヒントになるものがないかを調べてみることにしよう」

今回の注文で丹治が求められていたのは、〝春の組踊り〟の衣裳であり、〝御守殿踊り〟を引き立たせることであった。したがって衣裳は、御殿女中としての典雅さを備えると同時に、大勢で踊っても引き立つ模様であり、地方とも調和がとれていることである。そしてなにより〝他所に無いような素晴らしいもの〟というのが条件であった。

こうして次々と過去の模様がチェックされていった。

〝何《いず》れ菖蒲《あやめ》か杜若《かきつばた》〟

一点一点とり出してみると、模様としては、どれをとっても甲乙つけがたい。しかし、今回の注文に応えるには何かが欠けていた。

「旦那様、どれもいいんですけど、しっくりきませんねえ」

「そうだねえ、一つ一つはいいんだけど、心に訴えてくるものが無いなあ」

「商売柄、あんまり同じ模様を見すぎたせいで新鮮味に欠けるのでしょうか?」

「そんなことはないと思うよ。私はね、同じ模様であっても新しいものは作れると思ってるんだよ」

「同じ模様で新しいものをでございますか?」

正誤表

口絵　写真キャプション

誤　「伊勢丹百貨店新宿本店概観」(1933年)

正　「伊勢丹百貨店新宿本店外観」(1933年)

付録表

ロバート・オウエン

(1)『産業および道徳の新体系』(1835年)

(2)『国際両生社会大会宣言』(1855年)

「そうだよ、亀さま。例えばだよ、恋愛小説は恋愛がテーマだろ？　それなのに決して飽きられない。要するに男と女が居て、相手が好きになって、なんとかして一緒になろうとするだけの話じゃないか。昔から何回使われたかわからないほど使われている題材なんだけど、私達は飽きもせずにそれに飛びつく。何故なんだ？　要するに、ありふれた題材であっても、〝組み合わせ〟や〝切り口〟が新しくて〝料理の仕方〟がうまければ面白い。それこそ初めて読むような気がするじゃないか。それって〝新しい〟ってことだろ？　要は、同じものであっても〝アプローチの仕方〟次第で傑作にもなれば駄作にもなるってことじゃないのかい？」

「そういえばそうでございますねえ」

「もっとわかりやすい例が俳句とか川柳だよ。これなんか同じ題で皆がつくるじゃないか。だけど作者によって出来は違う。良いものは良いし、駄目なものは駄目だ。要は、材料は同じでも、〝切り口〟というか〝アプローチの仕方〟というか、〝料理の仕方〟次第で新しいのが創り出せるってことを証明しているじゃないか」

熟慮の末に丹治が導き出した結論は次のようなものであった。

同じ柄、同じ模様、同じ題材を使ったとしても、新しい切り口から料理すれば、新しい物が生まれる。それには、確たるテーマのもとに、首尾一貫した主張が打ち出されていなければならない。

「なるほど、そうしますと、今回は目的が〝御守殿踊り〟の衣裳でございますから、切り口は〝御殿〟とか〝奥女中〟でございますかねえ?」

「もう一つ〝春の組踊り〟であることも忘れては困るよ」

「そうでございました。春といえばもちろん〝柳〟と〝桜〟でございますよね」

「なぜ亀さまはそうだと思うんだね?」

「〝故事成語〟でございますよ」

「〝花は桜木、人は武士〟ってやつかい?」

「いえ、〝柳は緑、花は紅《くれない》〟の方でございます。武士道ではなくて詩歌の方でございますよ。中国の詩人蘇東坡《そとうば》が〝春の景色の美しいさまを形容したもので、春の〝季語〟になっております」

「季語ねえ、それにしても、亀さまにそういった趣味があったとはねえ。ちっとも気がつかなかった」

「それはそうでございますよ、本格的にやってるわけではございませんから。お客様の中に、その方面に詳しい方がおられますので、耳学問でございます」

「そう。でも、話を聞くってのは大切なことだよねえ。お客さまのおっしゃることの中には参考になることが多いから」

「そのとおりでございます。時には耳の痛いこともございますけど」

「それが貴重なんだよ。ところでさ、亀さまの御意見に従えば、春は〝柳〟と〝紅の花〟ということになる。そうすると〝花〟は何なんだい？」

「それはもちろん〝桜〟でございますよ。昔から日本で〝花〟といえば〝桜〟でございますから」

「やっぱり〝花は桜木、人は武士〟じゃないか」

「いやいや、〝いさぎよいこと〟と〝季語〟は違いますよ。すべての花を代表する意味で、〝花〟といえば〝桜〟が日本人に定着したのは平安時代からだそうでございます」

「くわしいねえ、亀さまは」

「いえ、ほんの耳学問でございまして」

「ところで、そうすると、〝御殿〟とか〝奥女中〟はどこに嵌め込んだらいいのかな？」

「それは決まってございますよ。柳と桜模様の着物を着た主人公が〝奥女中〟で、舞台が

〝春の御殿〟ということでございますよ」

「そうだね。そう考えるのが普通だろうけど、それじゃあ聞くけど、彼女達は一体そこで何を思い、何をしてるんだい?」

「何をしてるって、そんなことまで考えたことはございませんけど」

「そこんとこまで考えないと。私はね、その情景が目に浮かぶようにしたい。できれば、相手の心理状態までわかるようにしたい」

「でも、登場人物と舞台は揃ったわけでございますし、季節は春ということでございますから、あとは柳と桜の模様でいけるんじゃあございませんか?」

「そうなんだけどね、私は、なんというか、亀さまが一番大切な〝基本的な事〟を忘れているみたいな気がするんだけど」

「〝基本的な事〟でございますか?」

「うん。私はね、亀さま。こんどの〝春の組踊り〟の衣装は、柳と桜があれば春だという簡単な気持ちで模様を起こしたのでは、お客さまの御期待にはそえないことになるんじゃないかと思うんだよ。私たちが物作りするのは、お客さまがお召しになる時期より大分前のことじゃないか。着物が出来てからお客さまのお召しになる時までに間があるってことなんだよ。だから、作る私たちに生活感覚としての春がないと、季節感覚のない商品が出来てしまうと思うんだ。そうじゃないかい？　今の季節感覚で色や調子を決めていくと、春の感覚ではない春柄を作ってしまうことになる」

「なるほど、どの模様にも、お召しになる時の〝季節感〟が満ちていないといけないということですね」

「そう、模様そのものから〝季節感〟が感じられないといけないんだと思う。伝統的な古典模様には、それがはっきりと感じられるものが多いだろう？　何故なのかねえ」

「それは季節が読み込まれた古典文学に基づいて作られているからでございます。お客さまの話では、源氏物語などは、どの巻にも、どの情景にも、季節というものが描きこまれているそうでございますよ。読んでいると〝秋の風が吹いて紅葉が色づいた季節のまっただ中に自分が立っているような気がする〟のだそうでございます」

「なるほどねえ。日本の古典文学には、そういう季節感覚まで書き込まれているってことだな。これは私たちも見習わなくてはいけないな」

「そうでございますね。それではそういった点に注意して〝春の柳と桜〟で模様を起こしてみることにいたしますか」

「そうだな。そこでどうだい、もう一つ、もうちょっと〝駄目押し〟してみたらどうだろうね、亀さま」

「〝駄目押し〟でございますか？」

「よくさあ、うちの先祖は何とかだったとか言って能書きを並べる奴がいるじゃないか。そんなような能書きというか物語りがあると引き立つと思うんだよ。由緒書きとでも言うのかな？　そんなようなものがあると、模様に説得力っていうか有難味が増すんじゃないのかい？」

「それはそうでございますけど、そこまで芝居がからなくても」

「それだ、亀さま。お芝居と同じだよ。主人公がいて、こうしたいと思うんだけども色んな邪魔が入って仲々それが出来ない。いわゆる波瀾万丈で、主人公が苦難の末に目的を達成する。これで大向こうが拍手喝采するんだ。亀さま、これだよ。模様一つを売り出すんだって、これと同じことがなければ感動は生まれない。要するに演出が必要なんだよ。演出が……となると、時代設定が必要だな」

「模様に時代設定でございますか？」

「うん。時代設定なんだけどね、〝御殿〟に〝奥女中〟となると、江戸時代でもいいんだけど、王朝貴族の平安時代の方が格上の〝御殿女中〟って気がしないかね？」

「そういわれればそうでございますね。平安時代でございますと、わが国初の国風文化が花開いた時代でございますから、なんとなく、雅びで貴族的な感じがいたしますですね」

「それそれ、それだよ。雅《みや》びで貴族的。それでいこうよ。それから、平安時代には国文学の傑作が次々と生まれたんだよなあ。そこから話を引っぱってくるってのはどうかね。それまでの唐風文化から日本が抜けだして、はじめて日本風文化を創り出したのが平安時代なんだから、日本文化の原点はここにあると言えるわけだ。それを利用しないって法は無いと思うんだけどな」

「たしか、源氏物語、伊勢物語、枕草子《まくらのそうし》、和漢朗詠集、古今和歌集などが書かれたり、まとめられた時代でございますよ」

「そうだったね、そういえば亀さま、古典模様ってのは、伊勢物語や源氏物語、そして和歌に因《ちな》んだものが多いんじゃなかったかね？」

「そうでございます。〝恋〟と〝もののあわれ〟と〝花鳥風月〟を描いたものが、これらの古典でございますから」

「それならさ、文学的価値とかなんとかは別として、この三つの中で一番有難味のあるのはどれだと思うかね?」

「それでございましたら古今和歌集でございますよ。なんといったって天皇様のご命令で創られたという箔《はく》がついてますからねえ。誰だって〝勅撰〟てついてる方が有難味を感じるんじゃございませんか?」

「やっぱりねえ」

こうして丹治は、日本最初の勅撰集である「古今和歌集」の中の一首に辿りつくことになる。それは巻第一春歌上の五六にあった。素性法師が、

「花盛りに京を見やりて詠める」

と題して詠んだ歌である。

・みわたせば　柳桜をこきまぜて　宮こぞ春の錦なりけり

これこそ〝春〟の〝御殿〟であり、丹治の思い描く〝御殿女中の心境〟にぴったりの歌であった。

「よし、決めたぞ。これを題材にして模様を起こそうや。これこそ御守殿踊りにぴったりの心境だと思うんだ。亀さま、こういう流れでどうだ?

時は春、奥御殿から御女中達が外を眺めている。見わたすと、柳と桜をしごき取って混

ぜ合わせたように、京の都は錦そのものの美しさだ。錦といえば秋の紅葉《もみじ》だけだと思っていたのに、京の都には私たちが気付かなかった春の錦もあったのだ。まさに春の真っ只中、なんという心うき立つ煌《きら》めきだろう。

その驚きと感動を胸に秘めて、御女中達は踊るってのはどうだい。その御女中達の気持ちを私達が衣裳に表現する。テーマは、ずばり〝春の錦〟だ。どうだい、お話になってきただろう?」

「情景が目に浮かびますねえ。〝春の錦〟でございますか。いい題名でございます」

「模様はもちろん、亀さまの言う〝満開の桜〟と〝新緑の柳〟になる」

「まさに〝柳は緑、花は紅《くれない》〟のとおりでございましたなあ」

「古今和歌集は、わが国で最初の勅撰和歌集であるし、王朝貴族文化の精髄となるものだよね。だから、これを拠《よ》り所《どころ》にして御殿女中の感動を表現いたしましたと申し上げれば、見番の親方も満足して下さるんじゃないかな。亀さま、さっそく下絵に取りかかってくれないかな」

こうして辿りついたテーマとストーリーにもとづいて、丹治は思いつくかぎりの趣向をこらして御守殿踊りの衣裳を作り上げた。

明治三十四年「春の組踊り」の披露会は柳橋の亀清楼で行われたが、踊り子と地方《じかた》の衣裳はすべて柳桜の模様で統一されており、その崇高で典雅、優美で繊細な味わいは高く評価されて、丹治が予想した以上の好評を博した。その結果、東京中の花柳界に伊勢屋丹治呉服店の名が一度に知れわたると共に、この方面から実業界にもまた知られていくようになる。丹治が初めて、人の心に訴えてくる〝テーマ〟と〝ストーリー〟があってこそ〝オリジナル商品〟と言えるのだ、と悟った出来事であった。すなわち、明確な〝テーマ〟のもとに〝ストーリー〟が形成され、結果として明確な〝提案〟が成されているもの、これこそが〝オリジナル〟だ、ということである。

競争販売と出張販売

明治三十五年、目に染みる青葉を眺めていた丹治は、或ることを思いついて店先に出てきた。

「支配人を見なかったかね？」

「いえ、こちらにはおいでになっておりませんが」

「どこへ行っちゃったのかな、出かけるわけはないのに」

「番頭さん、どこかで支配人を見なかったかね？」

「さきほど呉服倉庫の棚の前で考えこんでおられましたけど」

「そうか、有難う」


　　……………


「半三郎、そんな所で腕組みして何を企《たく》んでいるんだい？」

「企むだなんて、兄さん、人聞きの悪いこと言わないでよ」

「ごめんごめん、さっきから首をかしげて考えこんでいるから何事かと思ってさ」

「いやね、もうじき二八《にっぱち》だろ？　どうやって衣替えまでのあいだ、売上の低下を防ぐか、何からまい手はないかと考えていたんだよ」

「なんだ、私と同じことを考えていたのか。それで良い考えは浮かんだのかい？」

「それがねえ、これといった考えが浮かばないから困ってるんだよ」

「そうか。私はね、二月八月という閑散月はね、全店一丸となって売上向上に邁進するしかないと思ってるんだけどね」

「それはそうなんだけど、ただ、売れ売れ！　頑張れ！　と言ってもねえ」

「だからね、販売競争にしたらどうか、と思うんだよ」

「販売競争ねえ、つまりは賞品を出すってことかい?」

「うん。それも只の販売競争じゃなくてね、本当の全店員一丸となっての販売競争にしたらどうかと思ってるんだよ」

「本当の全店員一丸?」

「いままでのは販売部門だけの売上競争だったろ? そうじゃなくてね、前方も後方も、販売も事務も、役職も担当も関係なく、私達も加わっての販売大競争にしちゃうのさ。題名は〝競争販売〟だ。新人・中堅・ベテランの三段階に分けてさ、商品は抽せんによるお仕着せ。うんと安くした商品を、自分の好きな所に持って行って現金で販売してくるのさ。そうだねえ、上位六位までは賞品を出そう。それから売上の良し悪しを成績考課にも反映させるってのはどうかね? ふだん成績の悪い者でも、この成績が良かったら帳消しにするとか」

「役職、配属一切関係なしだね? もちろん我々二人も一緒に競争するわけか。これは面白いなあ。販売にゲームの要素を加えるわけだな? これなら皆はりきるんじゃないのかな?」

「なんたって売上が上がるだろ? 在庫も一掃できるし、新規の顧客開拓にもなる。新人達の販売実習にもなるし、閑散期の気のゆるみを引き締めることにもなる。うんと安くするから、日頃お引き立て下さっているお客さまへのお返しにもなる」

「そうだねえ、これなら充分二八《にっぱち》対策になるし、毎年恒例の行事に出来るね」

「そうだな。お前も賛成なら、店員の組み分けと、どの商品を売らせるか、原案を作ってみてくれないか？　売る順番はね、新人、中堅、ベテランの順にして三日間ずつ、どこに売り込んでもいいことにしよう。皆、はりきると思うよ」

半三郎の考えで、入店五年以内の店員が木綿類の反物、十年以内が銘仙類、十年以上が高級呉服ということになった。それぞれ一週間おきに三日間、お客さまを訪問して、現金での販売競争をするのである。商品は数量のある品物を格安に仕入れたものと在庫処分品で、一山ずつ抽選によって選ぶあてがいぶちであった。

八月の声を聞くとともに「競争販売」の幕が切って落とされた。第一陣は入店五年以内の新人たち十人である。

「お前、売り先の当てはあるのか？」

「ある筈ないだろ！　蔵番《くらばん》なんだから」

「そうか。お前は？」

「おれもないよ、うしろ方《かた》だからな」

「それでも多少は口のきき方、教わってるんだろ?」

「そんなことないよ。倉庫への往復ばかりで番頭さんの殺し文句なんか聞いてるひまなかったからなあ」

「そうか、もうちょっとお客さんとのやりとりを聞いとくんだったな、失敗した」

「おれさあ、先輩に〝お得意様を教えて下さい〟ってお願いしたら、〝明神下の通りは全部お得意さんだから軒並み猛売《たけう》りすればいい〟ていわれたんだけど、タケウリって何なんだ?」

「これからおれたちがやることだよ。注文もないのにずうずうしく強引に売りつけることを言うのさ」

「大体、お得意さんを教えてくれるわけなんか無いじゃないか」

「どうしてよ?」

「自分が売る時に売れなくなっちゃうからにきまってるだろ!」

誰もが不安であった。

各自、持出す商品を帳付けして大風呂敷に包んで背負うと、それからは別行動だ。なんとしても同僚よりは一反でも多く売りたい。勢いこんで軒なみ訪ねて廻るが体よく玄関払いである。お伺いするには、お客さまの都合のよい時間があるということを知らないからだ。そのうち太陽は真上から照りつけてくるし、背中の大風呂敷は出た時より重く感じてくる。

その一方で付いてる新人もいる。

「そうかい、伊勢屋さんも考えたものだね。どれ、見せてごらん」

「こちらの品でございます」

「おまえさん、ご奉公はいつから?」

「一昨年でございます」

「歳はいくつ?」

「十四でございます」

「何という名前?」

「丈一《じょういち》と申します」

「丈《じょう》どんね、お国はどちら?」

「日本橋生まれでございます」

「どうりで訛りがないわ」

「あの、奥さん?」

「わたしゃおかみさんだよ」

「そうですか、おかみさん。二十反も買ってどうするんですか?」

「この小僧さん、おもしろいことをいうね。だって、あんた、沢山買ってもらわなければ一等になれないんでしょう?」

「へい。それはありがたいんですけど」

「心配しないでいいんだよ。うちではご進物にするんだから」

「ああ、そうなんですか」


付いている者、付いていない者、悲喜こもごもの三日間が終わった。松どん達新人十人は、悪戦苦闘の末、たった三日間で二千反近くの浴衣地を売った。しかも現金で。この頃は、売ることを知らない者は、伊勢屋丹治呉服店の店員としての資格がないと、はっきり割り切られていた時代であった。

競争販売がすむと、次の年中行事が「出張販売」である。シーズン最後の売れ残り品と問屋の残品を捨て値で仕入れたものを持ち込んで、お客さまに追い討ちをかけるのである。

予定会場に商品を山と持ち込み、午前中に仮設売り場をこしらえて、午後からは翌日の売出し宣伝のため手拭持参で個別訪問をする。同じ場所で他店が行うときもあったが、良品廉価の伊勢屋丹治呉服店の出張販売は、いつもすごい人気であった。

出張販売は各地で行ったが、特に知られていたのが茨城県の水戸市であった。ここは江戸時代からの老舗として知られた市ヶ谷の「あまさけや呉服店」の地盤であったが、明治二十八年に丹治が買収して以後も引き続いて行っていたのである。水戸市内はもちろんのこと、周辺の農村の人たちも朝暗いうちから買い物に来るという、ものすごい人気の出張販売で、九時に店を開ける時は道路は黒山のお客さまであった。会場は水戸市上市の繭市場を三日間借り切って行ったが、同業他店が行う出張販売より桁はずれに売上げが良かった。何しろ伊勢屋丹治呉服店が来ると質屋が繁盛するとまでいわれたくらいで、隣近所の人たちと連れだって来るための見栄もあって、実際に質に入れてまで買い物に来る人がいたという盛況ぶりであった。

活発な営業活動と赤風呂敷

伊勢屋丹治呉服店恒例の六月と十一月の売出しで特に好評を博していたサービスが「和

合餅」の提供であった。これは明治三十六年に、丹治が馬喰町の老舗玉村に注文して作らせた州浜風紅白の餅である。栞《しおり》には、

「天と地がむつまじく親しみあい、五日ごとに風が吹き、十日ごとに雨が降るような気候が順調なときは農作物がよくできます。そのような天下太平の世にならい、夫婦がむつまじく親しみあうと、家じゅうが安らかです。商売の道も、お客さまと店との親善和合があってこそです。私共は、良い品を安く売り、世間から便利だと思われるようになることを願って、お客さま第一の誓いをこの和合餅に託しました。」

という丹治の思いが綴ってあった。

このように丹治は、地道な商売を堅実に行っていく傍ら、人々の思いもよらない変わった企画で人々の心を捉えることが得意であった。しかも、好機をのがさぬ先見の明は天性のものといえた。同じ明治三十六年、羽二重友仙の小切れを利用して細帯締めをつくった丹治は、これを「式部絞め」と命名して清水茂七を呼んだ。

「今度の売り広めは、茂《も》さま、お前さまがやってみなさい」

「私がでございますか？」

「ああ、すべてまかせるから、お前さまの思う通りにやってみて下さい」

「ありがとうございます。必ず成功させてみせますので」

「そんなに張り切らなくてもよろしい。お前さまは初めてなんだから、決して無理をしてはいけません」

「わかっております」

「宣伝も自由におやりなさい。しかし、私が止めろと言ったら直ぐに止めることです」

「わかりました。それでは茂七、やらせていただきます」

喜んだ茂七は、千葉、埼玉、鎌倉、川越など各方面の業者に委託販売網を張ると同時に業者タイアップによる劇場宣伝を計画した。

「旦那様、東京座を使って式部絞めの宣伝をしたいと考えておりますが宜しいでしょうか?」

「もちろんかまいませんよ。宣伝業者はどちらにお願いするんですか?」

「商売人は頼まないことにしました」

「ほお、それは大変だ。宣伝費はどうします?」

「茂七に当てがございますので、やることのお許しさえいただければ大丈夫でございます」

「そうですか。しかし劇場宣伝となると、商売人にはかないますまいに」

「いえ、大丈夫でございます」

「そうですか。それなら茂さまの思うとおりにやってごらんなさい」

茂七の考えた趣向は、神田三崎町の東京座で興行中の芝居「楠正成」の引き幕を宣伝用に特注し、幕間を利用して、赤地に大きく㊥のマークを白抜きにした赤羽織を店員に着させて、濃い紫の太い紐を胸高に派手はでしく結ばせて花道を歩かせ、気取った「式部絞め」の口上と共に、二十本ぐらいの式部絞めを客席に向かってばらまかせるというものであった。この宣伝方法は大当たりに当たって大向こうを唸らせたが、宣伝費の方は茂七の目論んだようにはいかなかった。予算より大幅に足を出すことになってしまった茂七は、しおしおと丹治の前に現われたが、丹治は、

「茂さま、このたびは良い勉強をされましたな」

と言っただけで、一切咎めだてするようなことはなかった。

明治、大正時代の好況期には、博覧会がさかんに開かれたので、丹治も宣伝効果を狙って積極的に出品した。明治三十六年、大阪で開かれた第五回内国勧業博覧会には、伊勢屋丹治呉服店として東京名産の特設売店を設け、自家製品の特選「東京ゆかた」、特製「式部絞め」を中心にして、大々的に江戸趣味を紹介して好評を博した。

日清戦争後、東アジアにおける帝政ロシアの南下政策と日本の大陸進出とが衝突し、日

本がロシアに対して宣戦布告をしたのは明治三十七年二月十日のことである。

この日露戦争の最中《さなか》、伊勢屋丹治呉服店に舞い込んだのが陸軍恤兵部《じゅっぺいぶ》からの特別注文であった。縮中巾のハンカチーフ百五十万枚。丹治は、これこそ伊勢屋丹治呉服店が国家に貢献する絶好の機会であり、「利を離れて国命にこたえる」という真心の発揮の場であると考えた。丹治は足利市に織工場を建て、陸軍御用の旗をかかげ、百五十万枚の縮中巾のハンカチーフを製織すると、川端玉章画伯の「昇竜の鯉」を染め入れた。この軍部の大量注文を受け、期日までに完納したことは、同業他店の羨望の的となるとともに、伊勢屋丹治呉服店の信用と名声を大いに上げることになった。

そこで丹治は、販売の拡張を目指して、東京市十五区全体をカバー出来るように外商の受持区域を九区にわけ、外売りの強化を図った。

第一区は外神田全域と内神田の一部で、佐久間河岸の米問屋を中心に和泉町附近の羅紗問屋など、第二区は内神田一円から駿河台の屋敷町を中心に神田市場をしめ、第三区は日本橋・京橋方面で、柳橋、葭《よし》町、新橋、浜松町、築地の花柳界、兜町の株屋街を地盤として、外売中いつも首位のところであった。第四区は芝浦の魚問屋、品川、大崎の屋敷町が中心で、本店と一番縁遠い地域であったため、成績も九区中最下位であった。第五区は麹町、赤坂、麻布などの屋敷町で、地区中随一の上流得意層をもつ地域であった。六区の牛込、四谷、代々木、大久保方面は、交通が不便なため低調であった。七区は本郷、小石川、巣鴨、板橋方面で、本店に近く、成績は中位であったが堅実な得意先が多かった。八区は下谷から千住と上野、浅草、吉原を中心とした歓楽街をはじめ、多彩な得意筋で各職業におよんでいた。九区は、本所深川方面で、木場には上得意があった。その後、地区区分についてはいろいろ組み換えがあったが、大正三年さらに三区を増設して十二区とし、名実ともに外売りの黄金時代を迎えることになる。

伊勢屋丹治呉服店の外商は、箱車も曳いて行ったが、多くは店章入りの風呂敷で商品を背負って歩いた。その日に訪問する客先の好みに合わせた商品を選んで、一人が大体五貫目ぐらいを背負って何軒も回るのである。この商品運搬用の風呂敷が、明治から大正、昭和の初めまで、東京名物として市民に親しまれた伊勢屋丹治呉服店の「赤風呂敷」である。

「半三郎、風呂敷ってのは物を包めるし、持ち運びに使えるし、おまけに宣伝にも使えるってのが凄いよな」

「そうだね。商店の風呂敷ってのは店先の日除《ひよ》けと同じだよね。店の名前や店印が入ってるから、実用と宣伝の両方を兼ねたものといえるね」

「だけど商店の風呂敷って、なんであんな色ばかりつけてるんだろう?」

「たしかに、萌黄に茶色、浅黄に紺の四つが多いよね」

「おまけにさ、日の丸の旗みたいに、大きく真ん中に店印を染め抜いてるじゃないか。あれはもったいないよね」

「どうしてもったいないのさ。真ん中に大きく染め抜いてあるからこそ店名が目立つんじゃないの?」

「違うと思うなあ。それは最初に考えついた人の頃はそれでよかったのさ。商品を沢山包んで、京から江戸までというように長距離をさ、長時間背負って歩いたからこそ目立って宣伝になったのさ。今は時代がかわったから、大きな風呂敷包みを長時間背負って歩くことは少なくなったんじゃないか?　商品が沢山ある時や重い物、それから嵩《かさ》の張る物は箱車を使うだろ?　昔と使われ方が変わってきているのにさ、同じ図案のまま使っているんだから、当然、宣伝効果は落ちてきてると思うんだよ」

「そうかなあ。だって、あんなに大きく店印を入れてあるんだぜ。目立たないって方がおかしいよ」

「それは錯覚だと思うよ。風呂敷を広げた時はそうなんだよ。だけど、風呂敷は物を包むものだろう？　包んで下に置けば、店印は真ん中にあるから必ず荷物の下になる。風呂敷にいっぱい物を入れて包まないかぎり、風呂敷は二重三重に包みこむことになるから店印は隠れてしまう。どっちにしても目立たない。せっかく宣伝するために店印を染め抜いているのにさ、今の風呂敷はちっとも宣伝効果が発揮されていないということさ」

「そう言われてみればそうだなあ」

「だから私はね、新しくうち独自の風呂敷を作ろうと思ってるんだよ」

「そう、店の風呂敷を作るのは別にかまわないけどね」

「わたしはね、㊙の店印を小さく白抜きで全体に散らしてさ、どこから見ても、どんな包み方をしても、常に㊙の店章が見えるような風呂敷を作ろうと思ってるんだ」

「白抜きの散らしねえ、そうすると地色は何色にするんだい？」

「思いきって赤にしようと思ってるんだ。色だけでも目立つだろ？　それを利用してさ、〝まるいの赤風呂敷〟って名前で世間に知れわたるようにしたいと思ってるのさ」

「赤かぁ、ちょっと刺激が強すぎないかい？」

「いやいや、いい赤があるのを知ってるんだ」

丹治は耐久性を考えて、生地は三河木綿、色は発色を考えて、新輸入のドイツ染料「ナフトール染め」の鮮やかな赤色を用いることにして、蔵前高等工業学校の染色科に実習用で加工してもらい、その後は八王子染色学校に依頼して染めあげた。こうして鮮やかな赤色に店章を白く散らしたユニークな風呂敷が出来上がった。この「赤風呂敷」の効果は抜群であった。どこから見ても、どのように包んでも一目で店名がわかるため、店の宣伝と店員の道草防止と盗難防止の三つの役割を同時に果たすという一石三鳥の効果が上がったのである。なかでもこの風呂敷の宣伝効果は凄いものがあった。なにしろ赤風呂敷を背負って歩くだけで店名がわかる仕組みであったから、見かけた人は勝手に、この周辺にも出入りのお得意先があるのだと伊勢屋丹治呉服店の地盤を過大評価してくれたのである。それだけに、店員のなかには恥ずかしがる者もいて、この赤風呂敷を背負った時に知人や友人を見かけると、こそこそ身を隠す者も出た。それが嵩《こう》じて赤風呂敷を隠し、他の風呂敷を使用する者も無くはなかったが、そうした者たちは間違いなく転落への道をたどっていった。しかし大多数の者は、日がたつにしたがって赤風呂敷に慣れ、われこそ伊勢屋丹治呉服店の店員であると誇りを持って背負い、堂々と盛り場を歩くようになった。こうして伊勢屋丹治呉服店の赤風呂敷は東京名物の一つに数えられるようになった。「赤風呂敷　背負うて小僧　得意がり」と、川柳にまで詠まれたのである。

業界の動きと旅順開城記念売出し

外売りを強化する一方、丹治は機業部を新設し、桐生、足利、館林に工場を建設して自家製品の生産能力を大幅に増やした。陸軍御用成功によって急増した卸需要に応えるためである。京都、大阪、足利、八王子などの産地からの直接仕入れも増やし、弟の半三郎を工場と卸部の責任者とすることによって、伊勢屋丹治呉服店としての生産・仕入・卸の体制を整えた。販路は都内小売方面をはじめ、西は大阪、東は北海道までに広がり、丹治の積極的な商策と相まって、伊勢屋丹治呉服店の躍進ぶりは目を見張るものがあった。そんな時、呉服店業界でも大きな動きがあった。いわゆる「デパートメントストア宣言」が出されたのである。

明治三十七年十二月六日に三井呉服店の営業権一切を譲り受けた株式会社三越呉服店は、同じ月の二十日、全国の顧客と取引先に対し、

「当店販売の商品は、今後一層その種類を増やし、およそ呉服装飾に関する品目はすべて一棟の下において御用が足りるようにいたしまして、最終的には米国で行われているデパートメントストアの一部を実現することにいたします」

という一文の入った挨拶状を三井と三越の連名で発送した。そして年が明けた明治三十八年一月二日の各新聞紙上に、次のような一ページ広告を掲載した。

「デパートメントストア宣言」

謹啓　このたび当店において合名会社三井呉服店の営業をそのまま引き継いだ件につきましては、店員はむろんのこと、その他いっさい従来どおりでございまして、まったく変わることなく御用をうけたまわっておりますので、以前にもまして御愛顧くださいますようお願い申し上げます。そのようなわけで、今後は全力を東京本店に集中し、一層努力を傾注してお客様方の御便利をはかり、あわせて左の事柄を実現する覚悟でございます。

一、東京本店は、まもなく店舗の面目を一新し、商品陳列すべてに最新の改良を加え、御来店のお客さまに、より美しく楽しくお買物いただけるように充分整備いたします。

一、当店意匠係は別に模様参考室を設けまして、染織模様を御註文のお客様には、この参考室で新旧多数の参考品を御覧にいれ、御選定の御便宜を充分おはかりするようにいたします。

一、当店販売の商品は、今後一層その種類を増やし、およそ呉服装飾に関する品目はすべて一棟の下において御用が足りるようにいたしまして、最終的には米国で行われているデパートメントストアの一部を実現することにいたします。
一、春と秋の年二回、新柄の陳列会を開いて各地織業者に新商品の開発を促し、同時にまた美術関係の展覧会を催して一般デザインの進歩をはかり、他とは比べようもない出品展示作品を、先ず御来店のお客様方にお選びいただくようにいたします。
一、京都仕入店は従来の染織工場をこの際一層拡張し、他とは比べようもない斬新優美な流行品を正しく取り揃え、時代の流行の先駆けともなるように益々改良をはかります。
一、地方販売係は当店発行の月刊誌『時好』によりまして、随時、都会で流行の模様をお知らせし、御註文品の選定およびその発送の仕方にも一層の注意と工夫をこらし、遠方よりお買物遊ばされるお客様に充分な御便宜をおはかりいたします。
以上の事柄は、今後、着々と実行する予定であり、すでに店舗改良の目的をもって米国へ派遣しておきました店員林幸平も、ほどなく調査を終えて帰国し、彼の国の最新式の店舗改良法もだんだん現実のものとなりますので、当店営業引継ぎの御披露をかねて、ぶしつけながら、少しばかり当店の抱負を申し述べさせていただいた次第でございます。

株式会社三越呉服店

ここで注目すべきことは、真ん中の項にあるように、「当店販売の商品は今後一層その種類を増やし、およそ呉服装飾に関する品目はすべて一棟の下において御用が足りるようにいたしまして、最終的には米国で行われているデパートメントストアの一部を実現することにいたします」と、株式会社三越呉服店が部分的ではあっても、アメリカにおける百貨店を実現することを明確に表明したことである。

これがいわゆる三越の「デパートメントストア宣言」といわれるものであり、日本で最初の百貨店業開始の宣言であった。世界で最初の百貨店は一八五二年のパリに誕生した「ボン・マルシェ」であるから、三越はそれに遅れること五二年ということになる。

欧米の百貨店の営業形態は、「一つ屋根の下に、ありとあらゆる商品を品揃えし、顧客に一ヵ所で何でも買える便宜を提供する」というものであり、三越呉服店はこの宣言によって、欧米と同様のワンストップ・ショッピングという買物の便宜をお客様に提供することを約束したわけである。

ところで何の偶然か、丁度その同じ明治三十八年一月二日に、日本中が待ち望んでいた旅順要塞陥落の号外が出たのである。

「お父さん、旅順が陥落したそうですよ」

「よかったな、とき。これで日露戦争は日本に有利になる筈だ」

「そうすると、まもなく戦争は終わるってことね」

「そうだね。戦争が勝利に終われば、日清戦争の後もそうだったから、たぶん景気は良くなると思う」

「待ちどおしいわね。店としてもお祝いの売出しなどするんでしょう?」

「もちろんだよ。その時は日本を挙げてのお祝いになる……お祝いねぇ……そう、お祝い、お祝いだ……うん、お祝いだよ、とき」

「どうしちゃったのよ、お父さん。お祝いは日露戦争に勝ってからでしょ?」

「いいや、その前に、この旅順要塞陥落を祝うことも必要だなって思い付いたのさ」

「どうして?」

「それはね、多分、どこの店もすぐには祝わないと思うからだよ。お父さんはね、お客さまが喜ばれることで、よそが気がついていないことを先にやるのが商売繁昌の秘訣だと思っているのさ」

「それはそうでしょうけど……」

「お父さんが旅順要塞陥落を祝おうと思うのはね、この要塞を落としたことでロシア太平洋艦隊の根拠地である旅順港を押さえることになるから制海権は日本のものとなる。だから日露戦争の見通しは明るいと思えるからなんだ」

「そう、日本国民として、大いに喜ばなくてはいけないほど素晴らしいことだと言うのね？」

「そういうこと。まだ誰も気がついていないけど、もしかして三国干渉《さんごくかんしょう》以来の臥薪嘗胆《がしんしょうたん》が実るかもしれないんだ」

「三国干渉って、日清戦争で勝利した日本が領有することになった遼東半島を、ロシアとドイツとフランスの圧力で放棄させられた事件のことよね」

「そうだよ。その頃の日本は国力が不足していたからねぇ、涙を呑んで権利放棄せざるを得なかったんだ。だからこそ、いつの日にかこの無念を晴らそうと臥薪嘗胆《がしんしょうたん》してきたんだ」

「〝臥薪嘗胆〟て、将来の成功を期して艱難辛苦するという中国の故事よね？」

「そうだ。〝臥薪〟は薪《たきぎ》の上に寝ること。〝嘗胆〟は苦い胆《きも》を嘗《な》めることだ。大きな目的を成し遂げるために、長いあいだつらい苦労を重ねることを言うんだけど、欧米諸国なみに日本の国力を増やすということは並大抵のことではないんだ。日本の国力の充実というか国家の繁栄はね、とき、なんてったって商業が堅実で隆盛であることにかかっているんだよ。だからお父さんも、商売を盛んにすることによって国運の発展に役立とうと思って日夜努力しているのさ」

「そうだったの。だからいつも、〝我々は国家のため寸刻も怠けていられない〟とか〝ひとの二日分を一日で働く、これが人の道である、日本人である〟って言ってるわけね？」

「そういうことだ。旅順要塞攻略戦はね、日露戦争の節目の一つとなる戦いだったと思う。これで日露戦争に勝利すれば、ようやく日本も欧米列強と肩を並べる国になれるわけだ。だから旅順の勝利を、商人は商人として、商いの場で祝意を表わす必要があるのさ」

「商いの場で祝意？」

「お客さまと共に、この勝利を祝おうってことさ」

「そうすると、記念売出しを考えてるってこと？」

「そういうこと。まず、旅順戦勝の意義を永く後世にまで伝えるようにしたい。そしてそれをお客様と共に喜ぶようにする。最後にちょっぴり金融上の利益が得られるようにしたいってとこかな」

「素晴らしい考えね。それで一体どうやるつもり？」

「大々的に新聞広告をやろうと思っている」

「それは目立つでしょうね。昔から広告の文章はお父さんの十八番だから楽しみだわ」

「まずね、旅順開城の意義を広告の文章に盛り込む。そしてね、陸海軍の立て役者を紹介する」

「乃木将軍と東郷提督のお二人ね？」

「そう、お二人の姿を印刷して、記念に永く飾っておけるようにする」

「それはいいわね。でも、それだけじゃ祝意の表明と記念写真をつくるだけで、うちの商売とは関係ないじゃないの？」

「いや、その記念写真を呉服切手に印刷しようと思ってるんだよ」

「呉服切手に印刷しちゃうの？　あれは金券でしょ？」

「だからいいんだよ。そうすれば呉服切手が欲しい人だけじゃなくて、記念に買ったり、知り合いに配ったりする人も出てくると思うんだよ」

「そうよね、間違いなく欲しがる人は出てくると思うわ」

「呉服切手であっても、記念に保存しておく人の方が多いと思うんだ」

「確かに商品と交換しない人も出てくるわね」

「そこで、御買い上げ下さったお客様全員に空くじなしの福引きをする」

「それはいいわね。悪くない考えよ」

「景品の一つにはね、今日の号外をそっくり印刷してね、袱紗《ふくさ》とかハンカチーフにしたらどうかと思ってるんだ」

「それは面白いわね、記念にもなるし。でも、これは凄い評判になるわよ。絶対だわ」

こうして娘と話し合っているうちに考えをまとめだした丹治は、具体的な計画を練りなおした上で、自分で書きあげた売出し広告を明治三十八年一月十三日の都新聞に掲載した。

旅順開城祝捷《しょう》記念呉服券発売の趣旨

皆さん、憶えておきましょう。その時はまぎれもなく明治三十八年一月二日……旅順は正《まさ》しく陥落しました。

実に世界でも未《いま》だかつてない事柄であって、文明諸国においても、この大業の成ったことに驚かない国はありません。そうであるならば、日本国民である以上、この大快事を、千年も万年の後まで記憶して、祝い喜ばない法はありません。当店では、祝意の表明として記念呉服券を発行発売して、永久《とわ》の記念とすることにしました。なにとぞ、お客様方におかれましては、ふるってお求め下さいますようお願い申し上げます。

敬具

記念呉服券の額面は五円と十円の二種類とし、特製の呉服切手に乃木大将、東郷大将の肖像を美しい図案をほどこして印刷、長く保存できるようなつくりにした。景品は一等を二十五円の呉服券として、以下、十円、五円、三円、二円、一円、七等は日本新聞発行の号外を模様として染めあげた縮緬《ちりめん》の記念袱紗《ふくさ》、八等が陸軍恤兵部《じゅっぺいぶ》へ納入した川端玉章画伯の「昇竜の鯉」を染め入れた縮み織りの記念ハンカチーフ、そして全景品に記念絵葉書セットをつけることにした。

売出し当日には新聞広告と、数百個のゴム風船に景品券をつけて打ち上げるなど、当時としてはまったく独創的な宣伝方法をとったので大人気となり、大きな話題を提供することになった。ゴム風船は遠く房総方面まで飛んだので、景品券を持参した遠来のお客さまには昼食を御用意して歓待した。そのようなご縁で得意先が大きく拡がることになったので、それ以降も、大正になって日露両国の友好関係が成立するまで、毎年一月十日から二十五日までの十五日間、この売出しを行った。

丹治は伊勢屋丹治呉服店を日本一の大商店にしようと、一業専念、呉服店経営の中の可能性を求めて、次から次へと、買継商、店売り、外売り、依託販売、糶呉服、生産加工、卸、通信販売と内容を充実させていったが、時には国家百年の計を考えて、商業経営以外の分野に手をひろげることもあった。

明治三十八年、日露戦争の最中《さなか》の事であったが、氷川《ひかわ》の山持ちが倒産に追いこまれ、伝手を頼って丹治の所に山を売りに来た。負債を払うためにどうしても九百円欲しいという話を聞いた丹治は、現地を地元氷川《ひかわ》の小川丈右衛門の案内で見てまわり、九百円では負債を払うだけで、再建の資金が無いではないか、といって千五百円で買うことにした。現在の西多摩郡奥多摩町氷川である東京府西多摩郡氷川村氷川字長石津六〇三番地の五十五町歩、同じく氷川村梅沢字天地一二〇九番地の五十八町歩、合計百十三町歩の山林である。丹治はここに杉、桧など百五十万本を植えることにした。この投資に家族・親戚は大反対したが、丹治は、

「華美贅沢に財宝を消費するのは罪悪です。しかし、貯蓄するつもりで植林すれば、何年かの後には、知らず識《し》らずのうちに大森林が出来ます。これは国家のためになることで、これ以上有意義なことはありません」

と言って押し切り、植林管理を西多摩郡氷川町の小川家に依頼した。

流行を作った三越を目標に

明治三十七年二月に始まった日露戦争は、旅順艦隊封鎖、遼陽会戦、旅順口占領、奉天会戦、日本海海戦、ポーツマス講和条約調印と、日本中が戦勝ムードに包まれた。西欧列強国にならんで日本も一等国になったという意識が芽ばえ、戦勝景気の中で国家主義・国粋主義が台頭してきた。そうした風潮のなかに展開されたのが、日本文化の爛熟期であった華麗な「元禄文化」の復活キャンペーンである。その仕掛人は、明治二十八年に三井銀行大阪支店長から三越の前身・三井呉服店の理事に就任した高橋義雄と、その後を引き継いだ三越呉服店の経営トップ日比翁助《ひびおうすけ》であった。

話は十年ほどさかのぼるが、かつて高橋は、アメリカ留学中にパリのファッションが欧米諸国に大流行しているのを見ていた。それにひきかえ明治維新後の日本は、人々の気持ちが極端に萎縮してしまい、祖母の着物を孫娘が着ているような状態で、流行というものが一切なくなっている。これはおかしい。これが正常な消費者意識の表れといえるのだろうか。かつて江戸時代には、人気役者や名妓に憧れて、その着物を真似る人が大勢いたではないか。その片鱗は模様の「市松」や「菊五郎格子」に残っているが、あの一世を風靡した「流行」は何処に行ってしまったのだろう。三井呉服店の理事に就任した高橋は、「流行」を仕掛けることこそが人々に喜ばれ、店への利益に直接つながると信じて、文明開化の嵐もおさまった今こそ、着物の流行をつくる絶好の機会だと考えた。そこで明治二十八年十二月、新進の日本画家を専属にして、新規の図案制作と、古画を広く探し求めて優秀な衣服模様を蒐集する「意匠室」を新設した。次に高橋は、顕官・政商などと結びついて時代の社交場となっていた花柳界を積極的に利用して、三越呉服店の力で流行を創り出そうと試みた。日清戦争の勝利で日本中が戦勝景気にわいていた明治二十九年、高橋は、江戸の初期から元禄時代まで流行した「伊達《だて》模様」という派手な模様の衣裳をつくって新橋の若手人気芸者五人に着てもらった。そして「伊達模様踊り」という踊りを踊らせて花柳界に流行《はや》らせようとしたが、この伊達模様は時期尚早だったようで、反響は一部にとどまって終わることになる。しかしこの試みで高橋は、自分の考えが間違いではないという確信を得た。なにしろ、「世間の景気が好くなれば、衣服の模様が派手になり、不景気になれば地味になる」というのは、呉服店が永年経験してきたことであったからである。

明治三十八年、高橋は、日露戦争が勝利に終わったことによって、時流が本格的に動き始めたことを感じていた。すなわち、資本主義が定着し、上層だけでなくより多くの中間層が消費経済の中に取り込まれつつあることから、好みに合った模様を発表しさえすれば、これを流行らせるのは容易であると確信したのである。景気が良くなれば派手な模様が好まれる。派手で大きい模様といえば、江戸時代の「寛文模様《かんぶん》」がある。しかし、大きな模様を大きく片寄せて配置した寛文模様は大きすぎる。寛文模様よりも、それを、やや小柄にして上品にしたような「元禄模様《げんろく》」の方が時代に合っている。そう考えた高橋は、「意匠室」でまとめあげた日本古来の「模様集帳」の中から優れた元禄模様を選び出して、十数種の衣裳を作りあげた。続いて前と同じように「元禄花見踊り」という踊りを考案して、十六人の新橋人気芸者による舞踊団を結成させ、明治三十八年二月、歌舞伎座で踊らせて人々の興味を喚起し、江戸文化の美しさを宣伝した。

高橋の後を引き継いだ日比も、明治三十八年五月、三越呉服店として「元禄風裾模様」「元禄風友禅模様」を図題にして、一等百円の懸賞募集を行った。十月に行った発表会には、優秀図案を染めあげて陳列したので大反響を呼んだ。こうして元禄模様は新しい流行となっていった。

三越呉服店の巧みな流行づくりによって、元禄模様は呉服だけでなく、髪飾、はきもの、袋物、ネクタイ、さらには漆器、陶器をはじめとする調度器具、日常用品や絵葉書にまで及ぶことになる。

新聞は、

「婦人用の流行品は新橋、葭《よし》町芸妓の元禄姿を現はせし以来、何品にもかかわらず元禄模様が非常に流行しつつあり」

と報じるようになり、時代の風潮に合致した華美な元禄模様は、戦勝ムードに適合して爆発的な人気を巻き起こした。さらに三越呉服店は、世間の風俗が洗練され落ち着きを取り戻すのを見て、明治三十九年に桃山時代を反映した「凱旋記念桃山模様」、明治四十一年に尾形光琳の画風を近代化した「光琳式明治模様」、明治四十三年に平安時代の装束調度を図案化した「新有職《ゆうそく》模様」などを次々と発表して業界を驚かせた。

これには並み居る一流呉服店も、さすがは三越呉服店ということで頭を下げてしまった。しかし丹治は、いつの日か、必ず三越呉服店と肩を並べるだけの評価を勝ち取るのだと毎日の努力を怠らなかった。丹治の努力は内のことばかりでなく、外の業界活動にもそそがれ、「東京呉服太物商同業組合」の設立に際しては、内藤彦一松屋呉服店支配人と協力して、その設立に骨を折った。そして明治三十九年に組合が設立されると、多くの加盟店から推挙されて評議員に就任、五年後の明治四十五年には会長に選出された。このように店外活動に多くの時間を取られる日々であっても、丹治の頭が商品から離れたことは一度もなかった。

或る時、上得意様より麻を特に多くした「上布」の注文を受けて困っている仕入係を見た丹治は、それはこうして作ればよいと、上布をほどいて麻の糸を一本一本取り出して織り直し、裏から焼酎を吹きつけて上布に仕上げ直した。お客さまは、これこそ私が求めていたものだと、大変喜んで買っていった、丹治は後で、

「お客さまが品物にいろいろ苦情を言われるのは品物のことを知らないからであり、商人は品物についてご納得のいく説明をすることと、お客さまに期待させるための手段をとることが大切なのだよ」

と仕入係に注意することを忘れなかった。また、店に売れ残った夏の座布団地があるのを見つけると、それで八尺五寸の帯をつくって「勝鬨《かちどき》じめ」と名づけて売り出した。そのころの帯は大体一丈と決まっていたが、丹治は敢えて名古屋帯のような軽装帯をつくったのである。なんと、これが馬鹿当たりした。それまで座布団地が売れなくて困っていた店員達は、呆気に取られると共に、その思いつきに感心するばかりであった。いずれにせよ丹治は、売れ残ったものや廃品を価値あるものに作りかえることに並外れた才能を発揮し

た。彼の品揃えと商品に対する考え方は、

「単に他店と同じものを売っているのでは駄目だ。同じ価格でも、伊勢屋丹治呉服店の品物は何か特徴とか品質なりに自信の持てるものでなければならない」

というものであった。つまり、自分の店で提供できる商品やサービスが独占物なら問題はない。しかし、これがどこでも提供できるものだとすれば、当然、ほかの店との違いを出さなければお買上げは望めない。他所とは一味違うという付加価値をつけること、そこには「相手側の身になって欲しいものを考える」という、伊勢屋丹治呉服店創業以来の丹治の考えが貫かれていた。

三越のデパートメントストア宣言の二年後、明治四十年三月に開催された東京勧業博覧会の会場は上野公園であった。参加を決意した丹治が会場の染織館に行ってみると、指定位置は思ったより手狭であった。店員達は面積上から成功を危惧したが、丹治は天井一面に鏡を張ることでこの欠点を補《おぎな》えると考えた。同業他店が洋風装飾を競う中、ただ一店、白木の和風陳列場にして、林藤助商店の特染総糊総花模様友禅、川島製綴錦丸帯地に金森伊兵衛刺繡の蝶模様をはじめ、唐錦裲襠《うちかけ》、紫藤玉亭考図振袖模様など、豪放華麗なものを陳列した丹治は、これまで満を持していた伊勢丹機業部専属工場特製の御召織出棲模様、染生地白変縮緬織出褄模様の二つを出品した。会期中、この二つのオリジナル模様は流行界の注目を集めたほか、天井の鏡張りが皇孫殿下のお目にとまるという栄に浴し、そのことが新聞で報じられたため、伊勢丹コーナーは連日大盛況であった。

同じ明治四十年、丹治は「互楽地久会」という新しい販売制度を案出した。「互楽地久会」は、伊勢屋丹治呉服店とお客様とが永遠に和合し、お互いに楽しく共に栄えるという趣旨で丹治が発案した会員制度で、一口一円、一人何口加入してもよく、無尽の形式をとり、貯金しながら春秋二回の抽選によって買物ができるという制度であった。

総会は、後楽園または名士の大庭園を借りて、園遊会のように余興、模擬店を開き、室内に優秀な新製品陳列会を開く計画で、店員が一日お得意様と行楽を共にして親睦を深めながら、売上の獲得をはかろうというものであった。計画発表と同時に丹治は、本支店を動員して会員に打診を諮ったところ、予想以上の人気を博したが、残念ながら当局から射倖的という見解で不許可となったため、実現することが出来なかった。さしずめ現在の「友の会制度」の走りであったといえる。

日蓮主義で目覚める

こうして店のため業界のため、東奔西走していた丹治であったが、明治四十年頃から、急に変なことにこだわりを見せるようになった。

「あっ、これこれ、そこに釘を打ってはいけません。そこに釘を打つと良くないことが起こります」

「旦那様、ここに釘を打ちますと具合がよろしいんですが」

「いけません。そこは縁起が悪いんです」

これまで丹治は、真面目に働く商人の典型のように、心から神仏を敬ってはいたが、決して縁起を気にしたり、験《げん》かつぎをするようなことはなかった。ひたすらお店大事に商売に打ち込み、汗と知恵の積み重ねの中から今日の繁栄をかちとってきた。その丹治が、まるで人が変わったように「今日は日が悪いから止めておこう」とか、「縁起が悪いから、そこへ置いてはいけない」とか、他人から見れば迷信としか思えないようなことをしきりに言うようになって、商売にも差し障りが出るようになった。

「仁兵衛さん、せっかく儲かるとわかっているのに、相手の方角が悪いから断れって、そんな話ってありますか？」

「またかい？　旦那様にも困ったものだ」

「吉さまも、旦那様の験《げん》かつぎのせいで納期に遅れが出そうだと心配していますよ」

「商売じゃあねぇ、験《げん》をかつぐことも大切なんだよ」

「わかってますよ。でもね、お日柄を選ぶことが大切なのはわかってますけど、商売人としてお約束に間に合わないことの方が問題じゃないですか？」

「そりゃあそうだ。とにかくどうにかせんとなあ」

「旦那様に目を覚ましてもらわないと、それこそ商売がおかしくなっちゃいますよ」

「そうだよなぁ。といっても、相手が旦那様じゃあ私達の言うことに耳を傾けて下さるかどうか……」

「そうだ、仁兵衛さんのお父さんがいるじゃないですか。たしか地元の顔役でしたよねぇ。お顔が広いんだから、誰か旦那様に忠告できる人、知ってるんじゃありませんか？」

「そうだなあ、駄目でもともとだから、いっぺん聞いてみるとするか」

こうして清水仁兵衛は、地元の顔役である父親のところに顔を出した。

「何かい？　仁兵衛、験《げん》かつぎがひどいってのはお前んとこの旦那様のことか？」

「そうなんだよ。以前はこんなこと無かったんだけどねぇ。最近は方角が悪いだのお日柄が悪いだの、変なことばかりこだわっちゃってねぇ。旦那様だけのことならいいんだけど、店の商売にも差し障りが出てきそうなんで困ってるんだよ」

「そうかい、そいつは厄介だな。何かそうなる原因てのは無かったのか?」

「特には無いんだよねえ。神信心だって昔からの日蓮さんがお稲荷さんに代わったぐらいで、これといって思いつかないんだ」

「そりゃあないだろう。評判の商売熱心な方が、そんなことにこだわりだすってのはよっぽどのことだ。商売はうまくいってるんだろう?」

「ああ、今までは全く問題がない」

「それみろ、商売以外に何か原因がある筈だ」

「それがわからないんだよ。それがわかってれば相談になんか来ないよ」

「健康上で悩んでることは?」

「それはない。旦那様はこっちが困るほどお元気なんだ」

「商売はうまくいってるし健康上も問題はないとなると、残るは家庭内のことしかないな」

「そんなことはないよ、家庭内も円満だ」

「子供はいるのか？」

「いるよ」

「何人だ？」

「最初の奥様との間に長女のときお嬢様と二女の愛子お嬢様、二度目の奥様との間に三女かつ子お嬢様、四女智恵お嬢様、五女喜代お嬢様が生まれているから、旦那様は五人の子福者だ」

「なに寝惚けたこと言ってるんだ、この唐変木」

「なんだよ、父さん。いくらなんでもそれはないじゃないか」

「わかってないなあ、お前も。よーく耳かっぽじって聞くんだ。子宝ってのは数だけじゃあない。五人いたって男の子がいないじゃないか、肝心の跡継ぎがよぉ」

「そういえばそうだねぇ。最初の奥様が亡くなった後、華子奥様の実の弟の良造様を養子に迎えたのに亡くされている。日露戦争が終わる頃で二十二歳だったかなぁ、肺の病だった。その少し前には実のお母様も亡くされている」

「そうだろう。誰だって身内の死はこたえるけど、大店《おおだな》の主人にとってはなあ仁兵衛、跡継ぎを亡くすってことが一番こたえるんだよ。二十二歳だろう？　普通なら店を継がせてもよい歳だ。旦那って方は昔から信心深い方なんだろう？　二人の奥さんの間に五人も子供をつくっても男の子は一人も生まれなかった。せっかく店を大きくしたのに、やっと貰った跡継ぎの養子も店を譲れる年頃になったら死んじゃった。そうなりゃ誰だって気落ちするさ。〝神も仏もあるものか〟って気にもならぁな。だから縁起をかつぐようになったのさ」

「そうか、そういうことだったんですか」

「十中八九、間違いないと思うよ。それが験《げん》かつぎの原因さ」

「それでどうしたらいいですかねぇ？」

「まず、男の子に恵まれなかったことの迷いを取り払ってもらうことだ」

「どうやって？」

「お前な、〝今日蓮《いまにちれん》〟て知ってるか？」

「いまにちれん？」

「そうだ。今日蓮《いまにちれん》の田中智学《たなかちがく》。いま東京中で評判の偉い坊さんだ。日蓮上人の再来だといわれている。この人の話を聴くと、どんな迷いからも覚めるって評判だ」

仁兵衛は店に飛んで帰ると、さっそく大番頭の吉野亀次郎に報告した。

「それは良いことを聞いた。いっぺん田中智学さんの話を聴いてみることだな。お前さんより、ときお嬢さんに聴いていただいた方が効果があるんじゃないのか?」

「そうですね。さっそくお話ししてみます」

善は急げとばかり仁兵衛はときのところへ急いだ。

「お嬢さんお嬢さん、旦那様のことでお話がございます」

「あら、お父さんたら、また何か変なことを言い出してるの?」

「いや、そうじゃなくて、旦那様の験《げん》かつぎについて思い当たることがありまして」

仁兵衛は父親と話して辿りついた結論を包み隠さずときに話した。

「というわけで、男の子に恵まれなかったことで無常を感じられて、それで迷信に走られたのじゃないかと思われるのです」

「そういえばそうかもしれないわ。良造兄さんが亡くなった時の父の嘆き方は尋常じゃなかったもの」

「そうでございましたか。それで親父が申しますには、今日蓮《いまにちれん》と言われている偉いお坊さんがいらっしゃるんだそうです。その方のお話を聴かれますと、誰でも迷いからさめるという話なんで、いかがでしょうか、いっぺんお嬢さんに聴きに行っていただいて、よければ旦那様にもおすすめするってのは」

「わかったわ、そのお坊さんの名前は何ていうの?」

「田中智学様と言いまして、日蓮上人の再来と言われてる方だそうです」

「そう、さっそく聴きに行ってくるわ」

こうして田中智学師の講演を聴きに行ったときは、心の奥底から感銘を受け、父にも話を聴くようにすすめた。こうして丹治の気の迷いは醒めたのである。それ以後の丹治は、田中智学師の説く日蓮主義に深く共鳴して、率先して師の提唱する日蓮宗各派統合事業に協力した。師が静岡県三保松原から上京する際は、必ず芝公園内の小菅邸にお泊めして、親しく謦咳《けいがい》に接すると共に、神田本店に「興隆会」をもうけて講演会を催した。明治四十一年の春期大会には日蓮上人をたたえる等身大の聖伝画の絵燈籠を三十基、翌四十二年には教育勅語の徳目に相当する日本歴史中の顕蹟美談を描いた絵行燈四十基を献納して日蓮主義を称えると共に、明治四十四年には朝鮮併合記念視察団に参加して、朝鮮李国王に金欄に表装した日蓮上人の遺文録を献上した。大正三年に師が「国柱会」を創始すると、丹治は直ちにその会員となり、終生、その活動を支援した。智学師の日蓮宗各派統合事業は成功しなかったが、この宗教精神の涵養によって、伊勢屋丹治呉服店の店主小菅丹治は、道義を重んじる偉大な紳商といわれるようになる。娘のときも智学師に深く帰依し、ある意味では狂的といえるぐらいの日蓮主義者となった。この日蓮主義の強い信仰心は、結婚後の夫、二代丹治を教化すると共に、同族の結束と伊勢屋丹治呉服店発展の原動力となった。彼女の試練や苦難に堪える強い忍耐力と信念をつらぬく意志の強さは、この日蓮主義によって培われたといえる。

　明治以後の日本宗教界の二大巨人は内村鑑三と田中智学である。智学の影響を受けた著名人としては、山川智応、高山樗牛、姉崎正治、与謝野寛・晶子、大町桂月、吉井勇、近衛篤麿、福地源一郎、高島平三郎、田辺松坡、北原白秋、中里介山、田中光顕、井上通泰、渋沢栄一、坪内逍遥、花井卓蔵、望月小太郎、池上四郎、ポール・リシャール、高須芳次郎、満洲国皇帝溥儀、宮沢賢治、横山大観、尾上梅幸、石原莞爾などがおり、初代小菅丹治、その娘とき、二代小菅丹治も、この末につながるわけである。

四　帯と模様の伊勢丹

経営参加制度を導入

一時の気の迷いから醒めた丹治は、ある日、ふと思いたって伊勢屋丹治呉服店を外から眺めてみた。それも他人の店を品定めするような目で眺めてみた。眺めているうちに丹治は、心の奥に何かひっかかるものを感じた。言葉にはならない不安である。何かがおかしい。店で何かが起こっている。自分が手塩に掛けてきた店が、何か自分の店ではないような気がした。

思えば明治十九年の創業の日から今日まで、夜を日に継ぐ努力を二十年以上も続け、身を削る思いで大きくしてきた店だ。「店売り」「外売り」「糶《せり》呉服」「買継商」「自家生産」「卸」「通販」と、次々と業務内容の拡大をはかり、独自の新商品を開発し続け、同業他店の買収も行って店を大きくしてきた。こうして大きくなり、店員も増え、業界にも認められる呉服店になったのに、目の前にある店には何かが欠けていると丹治の心が告げていた。丹治には、伊勢屋丹治呉服店全体に、かつての覇気が感じられないように思えた。商売は問題なく行われていた。事故も苦情もない。怠けている者もいない。客も次々に暖簾をくぐっている。しかし、何かがおかしい。丹治は、しばらく前に顧問の天野弁護士に注意された〃店が大きくなった今、店主自身が張り切るのもよいが、店員達一人一人が張り切ってくれることの方が大切だ〃という指摘に思い至った。

「平三郎、最近どうも店全体がおかしくはないか？　なんとなく動きが鈍いように思うんだが」

「兄さんも心配性だなあ。商売は順調だし、伊勢屋丹治呉服店に怠けている者なんか一人も居ないよ」

「それはわかっている。だけどね、何となく覇気がない。退嬰的になって、進取の気性が見られなくなったような気がするんだ。我々みたいに駆け出しの店が生きのびていくためには、常に革新を続けて、業界の先頭を走っていかないといけないのに」

「駆け出しの店だなんて、兄さん、謙虚になりすぎるのも嫌みだよ。うちはもう中堅呉服店として世間様にも認められてるんだ」

「それが思い上がりというものだ。店なんて、一つ間違えば潰れるのはあっという間だ。私はねえ、半三郎。華子と店を始める時、日本一の伊勢丹を作って、婿養子に迎えてくれたお義父《とう》さんに〝良くやった〟と褒めてもらおうと固く約束したんだよ。それを考えたら、まだまだ目標の半分も達成していない」

「目標を大きく持つのはいいけど、もううちは圧《お》しも圧《お》されもせぬ立派な店になってるんだよ、兄さん」

「何言ってるんだ。三越呉服店は二年前にデパートメントストア宣言をした。扱い商品も化粧品に帽子、子供の服飾品と増やしてきて、今年からは鞄と靴と洋傘も扱うそうだ。白木屋呉服店もそうだ。松屋呉服店の新店舗は、デパートの外観をそなえた東京で最初の建物だ。それにひきかえうちの店はどうなんだ。旧態依然としたままで皆が満足している。まだ二十年の歴史しかないのにだぞ」

「うちは呉服店として充分儲けを出している。仕入先もしっかりしているし、売り先も充分吟味している。店員も真面目だ。何の心配もない。大丈夫なんだ」

「だからといって、将来のことを考えなくてもいいということにはならないんだ。これまでどおりの呉服店のままでいくか、三越呉服店のようにデパート化の方向を目指すのか、もっと別の方向に進むのか、それは絶えず考えておかなければいけないんだ」

「呉服店のままでいいさ、差し当たって何の問題もないんだから。何も好きこのんで危険を犯す必要はないと思うよ」

「それならそれで、皆が呉服商売にもっと真剣にならなければ駄目だ。今はいい。でもこれからは、通り一遍の仕事をこなすだけでこの店が永遠に続くと思ったら大間違いだ。柳原土手に戸板の店を出した頃を覚えているか？　見栄も外聞もなく夜店で稼いだからこそ生きのびられたんだ。今度不景気が来たとき、今の調子でやっていたら、うちだってどうなるかわからない」

「そんなことないって。たしかに、あの頃の苦労や努力とくらべたら、今は楽なもんだ。極楽といっていい。それは否定しないよ。でも店全体として、うまく動いているんだ。問題は起きてないいんだよ。急に明日から〝働け働け〟といったところで結果はどうなるか、逆効果だと思うよ。よっぽどうまく自覚を持たせないと、かえっておかしくなる」

「そこだよ。皆が自覚してない。お前さんはじめ今のままでいいと思ってるのがほとんどだから困るんだ。誰も店の将来に関心を持っていない。うちが大きくなっただけ、リスクもまた大きくなっていることを忘れては困る。取引先も多くなったし、取引量も大きくなった。すべてが大きくなり広がってきている。うちがいくら注意していても、よそが倒れれば、うちも影響を受けるんだ。それもかなり深刻な打撃だ。だから、常に資金にゆとりがあるようにしておかなければいけない。わかるか？　もう一軒、うちと同じ大きさの店を買えるぐらいの現金を持っていなければ、〝大丈夫〟なんてことは金輪際言えないんだよ」

「そう言われてみると、そうかもしれないな。うちは、すべてがうまく回転しているから順調なんだ。たしかに、どっか一ヵ所でも止まったら大変なことになる。動きを止めないようにするか、金を溜めるかのどちらかってことだな。そうだろ、兄さん」

「そうだ。すぐに金を溜めるってことは土台無理な話なんだから、先ずは呉服商売の動きを止めないってことさ。というより、出来るだけ商売を活発にするってことだ。稼ぐに追いつく貧乏なしだからな」

「それで、さっきの話にもどるんだけど、確かに創業の頃よりはかったるくなっている。それは事実さ。だけど、いきなり〝もっと働け〟と言ったところで無理が出るだろう？」

「そこなんだけどね、放っといても働いてもらえる方法があるんだよ」

「そんなうまい方法があったかねぇ？」

「それが有るんだよ。考えてもみろよ。私だって半三郎だって、誰からも命令されてないのに毎日一生懸命働いてるじゃないか」

「そりゃあそうだよ。自分の店なんだもの」

「それだよ。顧問の天野弁護士に聞いたんだけどね、自分の店の自覚を持つか、働けば働くほど儲かるようにすれば、人は放っといても働くようになるというのさ」

「そりゃあ自分の店なら誰だって真剣に働くだろうけど、間違っても店を手放すわけにはいかない。そりゃ無理だよ」

「それが無理じゃないんだ。匿名合資組合って言うらしいんだけど、店員を組合員にして、それぞれの地位に応じて出資させるんだ。もちろん契約証と出資金証は交付するんだけどね。そして年二回の決算期に成績を発表して、利益は出資額に応じて配当するのさ。そうすりゃあ組合員はみんな伊勢屋丹治呉服店は自分の店だ、働けば働くほど儲かるって考えるだろ？　放っといてもみんな店のことに真剣になる。愛店精神が芽生えるのさ。天野弁護士に言わせれば、労使一体の経営が実現できる一番の早道だそうだ」

「なるほど、店員達が参加する経営体制を作ろうってことだね？」

「そうだ。これからよく考えて詰めていくつもりだが、うちの店にとっても店員たちにとっても、決して悪い考えじゃないと思うんだ。店を繁盛させるためには〝お客さま第一〟じゃなくてはならないけど、そのためには取引先の協力が必要だ。勿論お客さま第一を実行してくれる店員も必要だ。それなのに、誰もが取引先とは共存共栄を考えるけど、既に店の中に共存している店員達のことは忘れがちだ。そう考えたとき、こうして共存している以上、店員達にも共栄してもらわなくちゃ店が良くなる筈なんてないじゃないか。そうだろう？　このご時世だ、外部から資金を集めて株式会社にするのも一つの手だが、店員との協力体制を強くして、それを商売に生かす方が先だと思うんだ。そのほうが、うちとしては得策だし、何より皆のやる気が期待できる」

こうして丹治は、明治四十年、個人経営の「伊勢屋丹治呉服店」を匿名合資組合に改組して、暖簾、印刷物等の商号を「伊勢屋丹治」から「伊勢丹」と改称、店名を「伊勢丹呉服店」とすることにした。そして全店員を集めると、次のような合資組合規約を発表した。

小菅商店織物販売合資組合員契約証

第一章　総　則

第一条　本組合は織物販売業を営むことを目的とする。

第二条　本組合は本店を伊勢丹呉服店と呼び、支店をあまさけや呉服店と呼ぶ。
第三条　本組合の組織を有限とし、出資額以内とする。
第四条　本組合の本店を神田区旅籠町二丁目四番地に設置し、支店を牛込区市ヶ谷田町二丁目十五番地に設置する。
第五条　本組合の組合員となれる者は、従来から本店又は支店に五年以上勤続した者に限るものとする。但し、重役の特に承認を得た者はその限りでない。
第六条　本組合の存続期間は、開業の日から今後十年間とする。但し、総会の決議によって継続することができる。
第七条　本組合の財産に対する組合員の権利義務は、出資額に応ずるものとする。

第二章　出資額および配当積立金

第八条　本組合の資本金を金八万円とする。
内訳は本店が金五万円
支店が金三万円とする。
但し、総会の決議により、増減することができる。

第九条　出資金は一口を金百円以上とする。
第十条　組合員に出資額の証券を交付する。
　但し、証券を売買・質入・抵当等にすることはできない。
第十一条　出資金者の相続人は、重役の決議を経て出資金を相続することができる。
第十二条　準備積立金は純益の三分の一以上とする。
第十三条　配当は純益の百分の三十以下とする。
第十四条　賞与金は純益の百分の二十以下とする。
第十五条　特別積立金は純益の百分の十以上とする。これは、損失補充にあてるなどの臨時支出のためとする。
第十六条　決算勘定剰余金が生じた時は、後期繰越金とする。

第三章　組合機関および権利

第十七条　本組合に重役六名を置く。
　専務取締役　一名　本店、支店を兼ねる。
　業務担当者　二名　このうち一名を支店に置く。

幹　　事　三名　このうち一名を支店に置く。

第十八条　専務取締役は組合を代表し、裁判上およびその他の一切の事務を担当処理する。但し、本店の業務担当者は、専務取締役の指揮を受け、業務の執行に当たる。支店の業務担当者は、専務取締役の指揮を受け、支店を代表して業務の執行に当たる。幹事は、営業および会計事務を監督する。

第十九条　重役は出資者中より選挙する。

第二十条　専務取締役および業務担当者の任期は二年とする。幹事の任期は一年とする。但し、再選することができる。

第二十一条　補欠選挙により就任した役員は、前任者の任期を継承する。選挙された役員は、正当の理由なしで辞任することはできない。

第二十二条　役員に欠員を生じた時は、現任者は遅滞なく臨時総会を招集し、補欠選挙を行うこと。但し、その欠員が組合業務執行に支障ない場合に限り、通常総会まで待つことができる。

第二十三条　会議は三種類とする。

一、通常総会

二、臨時総会
三、重役会
一、通常総会は、事業報告ならびに決算報告をして、配当および賞与金その他、組合すべての事項を決議する。
二、臨時総会は、重役が必要と認めた時、もしくは三分の一以上の出資組合員の請求がある時に開く。
三、重役会は、店員の任免、営業上の掛引き事項もしくは店員分の配当、営業上の秘密を相談するために開くので秘密会とする。
第二十四条　会議の議長は専務取締役が当たり、専務取締役に故障のある時は、業務担当者が代行する。
第二十五条　総会における決議権は、一千円以下を一個の有権者とする。二千円以下を二個の有権者とする。以下、一万円までを、これにならう。一万円以上の出資者は十個の権利とする。
第二十六条　総会の決議録は書記が作成し、議長および幹事が記名捺印する。
第二十七条　重役の月給額は総会において決定する。

第二十八条　本組合はほかに、左記の店員を使用する。
一、無出資者で少年店員である者を見習店員と呼ぶ。
二、十年以上勤続で無出資の者を雇店員と呼ぶ。
三、出資金者を組合店員と呼ぶ。
第二十九条　店員の任免、職務配分および月給額は重役会において決定する。
第三十条　店員の賞罰は、重役会の検討により決定する。

第四章　事務の執行

第三十一条　本組合の事業年度は、三月一日より翌年二月末日までとする。決算期を二月末日と八月末日との二期にするものとする。
第三十二条　本組合の会計は、前期決算の報告と同時に、次期の予算案を作成し、総会の決議にかける。但し、本店、支店を区別して、それぞれに作るものとする。
第三十三条　本組合の営業時間は細則で定める。
第三十四条　本組合店員の服装は、重役会において規定する。
第三十五条　組合店員、雇店員は、事故のために欠勤する時は、その理由を重役へ書面で届け出るものとする。
第三十六条　本組合は、大体において貸売り、掛売りを禁止する。

第五章　加入脱退

第三十七条　新しく組合員になろうとする者は、第五条の出資権を持つ者で重役会の承認を得た者に限る。
第三十八条　組合員が脱退しようとする時は、少なくとも六ヵ月以前にその理由を重役へ書面で届け出て予告することを要する。
第三十九条　死亡により脱退した組合員の相続人は、直ちに組合員に加入することができる。但し、重役の承認を必要とする。
第四十条　組合員および店員で左記の事項の一つに該当する時は、総会の決議により除名処分にする。
一、本組合の事業を妨げる行為があった時
一、犯罪その他の行いにより信用を失った時
第四十一条　組合員脱退の場合における払い戻しは、その出資額以上にはならないものと

する。

但し、死亡その他、予期せぬ事情の明瞭な脱退者にかぎり、重役会にかけて、それ相応の解釈をすることとする。

第四十二条　除名された組合員には、その出資額の半額以下を払い戻すこととする。但し、事実の如何によっては、全額を没収し、まだ不足の時は、その金額を追徴することもある。

第六章　組合の解散

第四十三条　組合の解散した時は、重役がその清算人となる。

附則　本契約に規定のない事項は、民法の中の組合に関する規定にしたがうものとする。本契約のほかに営業細則を設け、営業上の利便をはかること。

発表された規約の内容を読み、丹治の説明を聞いた店員達は、異口同音にこの合資組合の発足を歓迎した。丹治の提案したものが、今日の従業員持株制度ないし経営参加制度に相通ずる制度であったからである。店員達は今まで知ることも出来なかった店の経営状況を知ることが出来るようになったうえ、働けば働いただけ多額の配当金と賞与を貰えることになった。誰もが報奨金の多いことを望んだ。こうして丹治の意図したとおり、店員達のやる気は頓《とみ》に上がって、店は以前にもまして活気湧《あふ》れる店になった。以後、「小菅商店織物販売合資組合」は毎期多額の積立をして、十年満期で解散の時には、初めの出資金の数倍に上る配当金を分配して組合員を喜ばせる結果を出した。

帯と模様の伊勢丹

丹治は、明治十九年に伊勢屋丹治呉服店を創業した当初から、営業戦略上で花柳界と実業界に顧客を獲得し、名士・名家に出入りすることを重視した。そのためには人一倍努力し、創意工夫もした。丹治がこの方面に着目した理由は、高級呉服を最も多く買い入れるところが花柳界と実業界であり、一流大呉服店がしのぎをけずり合う商品が高級呉服であったからである。丹治が創業当初からここに着目していたということは、彼の目指していた目標が並々ならぬ大きなものであったことを示している。高級呉服の需要層を開拓するということは、一流大呉服店との競争の場に出ていくということであり、ゼロからスタートの新店が、創業時に掲げることさえおこがましい、無謀ともいえるような大きく高い目標であったからである。しかし丹治は、弛《たゆ》まぬ努力と工夫によって、その無謀ともいえるような目標を達成した。その成功の理由としては、積極的な産地直接仕入れを行ったことと自家生産によって、創業当初から幅広い販売先を摑んだことと、積極的に模様図柄の研究に取り組んだことが挙げられる。基礎が固まってからの伊勢丹呉服店は、伊藤博文公爵、末松謙澄子爵、島津公爵家など、上流階級、名士、名家の方々に非常なご愛顧をいただくようになったので、これらの家々への納品は模様図柄等を厳しく吟味せざるを得なかった。

その理由は商品そのものにあった。丹治が創業した頃の模様といえば、以前、三井呉服店の理事高橋義雄が気が付いたように、流行遅れの柄がほとんどで、染料も泥絵の具を使用しているほどの幼稚なものが多かった。そこで丹治は、最古参店員の吉野亀治郎に模様図柄の研究を命じたのである。

「亀さま、今日は貴方に特別のお願いがあります」

「なんでございましょうか、旦那様」

「しばらく今の仕事を離れて、模様の研究をしてもらいたいと考えてるんだがね」

「模様の研究、でございますか？　それは又どうしてでございます？」

「亀さまも感じてると思うんだが、いまの模様は、どれをとっても感心できません。毎回、京都には期待をかけて仕入れに行くんだが、いつも同じような模様です」

「そうでございますね。たしかに同じ柄、同じ構図で新鮮味はございませんね」

「どの店の模様も同じで、いつも同じ柄の繰り返しだから季節の違いも少ないし、年齢による模様の差もほとんどない。お客様にご注文いただくときの模様といえば、零《こぼ》れ松葉に、松葉散らし、折り鶴、それから七宝《しっぽう》つなぎ、あとは麻の葉、松竹梅、雪月花、鶴亀ぐらいで限られた模様ばかりじゃないですか。これではお客さまだって代《か》わり映《ば》えしないし、新しくもう一枚作ろうって気が起こらないでしょう」

「そうでございますねぇ」

「そこでだ、半三郎とも相談したんだが、この際、思いきって色んな模様を研究して、うちの店独自の模様を打ち出したらどうかってことになったんだよ」

「なるほど、伊勢丹独自の模様を売り出そうってことでございますか。たしかに良いお考えだと思いますが……」

「どうしたんだね？　販売経験が長くて模様にもくわしい亀さまなら、真っ先に乗ってくると思ってたんだがね」

「私も本音は乗り気なんですが、伊勢丹独自の模様となりますと、今までの自家生産と同じことで当たればよろしいのですが、外れたら大変でございます。なにしろ模様物は高額でございますから、リスクも大きゅうございます」

「それは考えた。だけどね、今のような模様ばかりだったら、やってみることの方が先だと思うんですよ。なにしろ今の模様は感心しない。亀さま、失敗したって処分の方法はいくらでもあるから心配ないよ。赤字が出たって勉強代だと思えばなんてことはない」

「たしかにこの際、店独自の模様に挑戦するってことは必要でございますね」

「そこでだ、一切を亀さまにまかせるから、好きなように研究してもらって、うちに向いた模様を考えてほしいんだ」

「私にまかせるとおっしゃるのでございますか？」

「そうだ。先ず、古今東西の有りとあらゆる模様を研究して、これはというものを集めて、うちとしての生かし方を考えてほしい」

「と申しますと、従来の着物の柄だけではなくて、そうではないものの中からも捜せ、ということでございますね？」

「そのとおり。着物の柄だけを調べるのではなくて、今まで着物の模様には使われてなかったものや、その元になっているものからも探し出してほしい」

「元になっているものとはどういうことでございましょうか？」

「例えばだけど、昔の小袖などには詩歌や物語に由来した模様が沢山あったよね。だから亀さまも、模様は図柄、だから美術というのではなくて、文学も含めて研究してほしいんだ。御守殿踊りの衣裳をつくった時のようにさ」

「なるほど、古今東西ありとあらゆるものからヒントを得るようにということでございますね。よくわかりました」

「やり方も、時間も、費用の方も一切まかせるから、これこそ伊勢丹の模様だ、というものを生み出してほしい」

「わかりました。新しい模様を創り出せるよう努力させていただきます」

「よかった。亀さま、頼みましたよ」

亀治郎も丹治の期待に応えて画家、図案家、文学者、染色美術家などと交わって研究会を作り、染色美術の研究に励むと共に、独自の創意工夫をこらした作品を創作し始めた。

また、この世界で重きをなしていた歌人佐々木信綱博士門下の「竹柏会」に入り、進んで幹事を務めるなどして染色業界の技術発展と後進の指導に力を傾けた。こうした地道な努力がきっかけとなって、大磯伊藤博文公爵邸や岩崎男爵邸など名門家庭に親しく出入りするようになった亀次郎は、夫人や令嬢の衣裳の御相談に与《あず》るようになり、御注文も承《うけたまわ》るようになった。従来の模様図柄に新しさを加え、深い趣向を凝らした吉野亀次郎の作品は斬新で優雅な味わいがあり、婚礼衣裳、おさらい衣裳、訪問用衣裳、花柳界向け芸妓衣裳など、別誂えの注文が伊勢丹呉服店に殺到するようになる。丹治は伊勢丹呉服店にも専門の図案家を雇い入れ、歌人佐々木信綱博士を顧問に迎えて模様図柄を突っ込んで研究する体制を整えたほか、美術的方面には思い切って資金を投じたので、図案部は勿論のこと、専属工場の技術の進歩は驚くほど上がった。そういった体制を整えたうえで、丹治は模様師の大家として有名であった小泉義和、伊藤千三郎、図案の大家紫藤玉亭に考案製作を依嘱、そして出来上がった逸品を博覧会等に出品陳列しては積極的に人々の目に触れるようにしたので、伊勢丹呉服店の模様は益々有名になっていった。こんな関係で模様物は仕入よりも自家製品の方が多くなった。中でも花柳界方面は模様物がよく出るので特に力を入れて研究した。大体花柳界の模様物というのは注文を待って染めるのが普通であったが、こうした努力の積み重ねによって、伊勢丹呉服店だけは、芸妓の「春の出模様」などを先に染めてお客さまを待つという体制をとることができた。それだけ他店より品物が豊富であり、いつ来ても間に合うというのが伊勢丹呉服店の自慢であり自信でもあったのである。もちろん正月やお披露目用の模様物である「出模様」の陳列会などを行う呉服店は伊勢丹のみであった。

このようにして丹治は、数々の工夫と努力を積み重ねることによって、小袖や振袖に限られていた模様を一般化し、また美術化することに成功した。これこそ丹治の先見の明と吉野亀次郎の研究努力が実った結果であり、それまで主流であった京都式仕入模様から東京式模様へと、伊勢丹呉服店の模様物が生まれ変わった瞬間であった。これによって伊勢丹呉服店の模様と図柄は非常な人気を博すことになる。その代表的な例としては、江戸褄が挙げられる。ひとたび市場に出すやいなや花柳界は言うにおよばず、全国的に大変な勢いで広がっていった。丹治はこれに力を得てますます研究を重ね、店としての開発力を高めるために始めたのが全店員からの模様図柄の募集であった。一、二等にはメダルを賞与する奨励方法をとって、その中から優秀なものを選んで春と秋に陳列会を催した。これによって上流階級はむろん、当時流行は芸者からといわれていたが、その中心である柳橋、葭町《よしちょう》、新橋に勢力を増していき、見事に流行の根源地であった花柳界に伊勢丹呉服店としての地盤を確立する。この全店員から模様図柄を募集した陳列会は大変珍しがられたうえ好評だったので、丹治はこれを恒例行事とすると共に、以後、「模様の伊勢丹」を謳《うた》い文句にして商売に励んだ。

さて、和服における帯の存在を考えてみると、昔から帯は婦人の服装の中で生命とも言うくらいに重要視されており、ご婦人の格好の中で一番目につき、帯のため服装全体が引き立つというぐらいに珍重されていた。また、店が良い帯を揃えているということは一流呉服店の証拠の一つでもあったから、新参者の伊勢丹呉服店が一流の老舗呉服店と肩を並べる早道は帯に力を入れることでもあった。丹治が創業当初から帯の仕入れに力を入れたのはこのためである。彼は、西陣織の専門業者と緊密な連絡をとり、優秀品の収集に気を配る一方、豊富な品揃えを行い、価格を安くすることに気を使った。当時の帯は西陣の丸帯が中心で、丹治の京都西陣仕入れは一回に二千本が普通であった。入荷と同時に呉服店の仲間が買いにきて、過半数は二、三日で売れてしまう。一般の売出しでも丸帯が名物のようになっているから、初日で半数ぐらいが売れてしまう盛況ぶりで、着物を三越呉服店で買っても、帯だけは伊勢丹呉服店で買いたいというお客さまが多かった。

伊勢丹呉服店が短期間のうちに「帯の伊勢丹」の名声を得て、一流呉服店と並び称されるようになった本当の理由は、この「卸」にあった。丹治は創業するとすぐに、小売りの他に仕入れ卸、生産工場まで持つという積極体制をとった。この体制こそが、「帯の伊勢丹」

という呼名を誕生させたのである。前述したように買継商として京都から帯を大量に仕入れてくる。これを東京中の小売商または卸問屋へ又卸《またおろし》をする。そして残った品は値段を下げて短期間で小売りで捌《さば》いてしまう。商品の回転がよくなるから長期在庫がなく、いきおい良い品が安く手に入ることになる。一方、仕入れる側からすれば遠い生産地まで行く必要がないから運賃もかからないし面倒な手続きもない。伊勢丹呉服店に行けば欲しい帯が安く仕入れられるから「時宜を得た便利な店」だということで、問屋仲間から「帯なら伊勢丹へ行け」と言われるようになって、いつとはなしに「帯の伊勢丹」という呼び名が生まれたのである。

このような状態で伊勢丹呉服店は極めて順調な発展経路をたどっていたが、商いが大きくなるにつれて丹治一家の居住スペースが圧迫されてきた。そこで各方面を物色してみたところ、候補物件の中に、伊藤博文韓国統監が建てた日本最初の西洋建築という由緒ある建物があった。その頃は女婿の末松謙澄子爵が所有していたが、希望者があれば譲ってもいいという話なので、明治四十年二月十六日、丹治はこれを一万円で買い取った。これが東京市芝区公園地第五号第九番の旧伊藤博文邸、通称、芝山内《さんない》の邸《やしき》である。敷地は五百五十坪、家の建坪は百二十五坪にも及ぶ豪壮なものであった。丹治がここを購入することにしたのは、単に住まいが手狭になったということだけではなく、商売にも活用出来ると考えたことが大きかった。玄関前に大正天皇御手植の松がある由緒ある洋館には、広い応接間に書院があり、数寄《すき》を凝らした庭園は四百坪を超える広さがあった。

二代目入店のいきさつ

こうして店の内外の体制を整え終わった明治四十年の或る日、丹治の弟半三郎のところに顔色をかえた番頭が駆け寄ってきた。

「支配人さん、ちょっと困ったことになりまして」

「どうしました?」

「苦情なんです。内野呉服店の番頭さんがお怒りで、私の手に負えないんです。支配人を出せとおっしゃって動かないんですよ」

「内野呉服店さんは、うちの大事なお取引先じゃないですか。一体、なんでお怒りなんですか?」

「実は、先日、小田原回りの時に内野さんに西陣の綴錦《つづれにしき》の丸帯を二十本お買い上げいただいたんですが、その時に私が言ったことについてでして……」

数日前、この番頭は小田原の内野呉服店にいた。

「毎度お世話になっておます。今日は、東京ではやってる西陣の丸帯をお持ちしました」

「これですか。なるほど、素晴らしい綴錦ですね」

「内野さんには打ってつけだと思って持って参ったのですが、いかがでしょう?」

「すばらしい。さすがは伊勢丹さんの帯ですね。ところで如何程なんですか?」

「内野さんとは長いおつきあいですから、勉強させていただいて、一本百五十円でお納めいたします」

「百五十円? それは高い。良い帯であることはわかりますが、うちの儲けを加えると値段が張りすぎます。百五十円は無理ですよ」

「そんなことはございませんでしょう、小田原は景気がいいんですから。いま東京ではやりの帯といって売れば右から左ですよ」

「いや、株の値下がりがひびいて、景気はそれほどでもないんですよ。そうですねぇ、織りと柄から見て、百二十円てところでしょう」

「とんでもない。それじゃ、こっちがお手上げですよ。この帯は特別に仕入れた品なんで、手前どもでも店売りなんかしないんですよ、特別のお客さまにだけお声をかけますんでね。

ですから、百五十円は決してお高くないんです」

二人のやりとりは延々と続いた。

「伊勢丹さんの御都合もわかりますが、こちらにもこちらの都合がありますのでね。二十本買いますから百二十円で如何ですか？」

「百二十円は、いくらなんでも殺生ですよ。それじゃ汽車賃も出ません。せめて百三十五円、一割お下げしますから、それで手を打って下さいよ。よそ様には出せない値段なんですから」

「それでも高すぎると思いますけど、ま、それほどおっしゃるなら、今回はそのへんで手を打ちますか。だけど他所様より高いってことはないでしょうね？　主人が不在なので、私の一存で仕入れますのでね、高いと申しわけが立ちませんので」

「とんでもない。外ならぬ内野さんに、そんな阿漕《あこぎ》なこと、手前どもがするわけないじゃないですか」

こうして内野呉服店の番頭政吉は、伊勢丹呉服店のセールスから、言い値の一割引の値段で帯二十本を買い入れた。その数日後、所要で上京した政吉は、神田の伊勢丹呉服店にも立ち寄った。陳列場をのぞいてみると、先日仕入れた帯が飾ってある。何気なく正札を見ると百二十円となっている。

「そんな馬鹿な……」

いくら目をこすって見ても値札は百二十円である。品物は寸分たがわぬ西陣織の綴錦の丸帯。政吉がさんざん頼みこんで百五十円から一割引の百三十五円に負けてもらった帯なのに、ここでは更に一割以上安い値段で店売りをしている。そんな馬鹿なことがあってよいのか、そう思ったとたん、政吉は伊勢丹呉服店に入って小田原へ出張してきた番頭を呼びだしていた。

「これはこれは、いらっしゃいませ。政吉さん、先日は有難うございました。それで今日はまた何かお探しに……」

「ふざけないで下さい。陳列場に飾ってある帯は一体どういうことですか?」

「えーと、何でございましょう」

「あなたから仕入れた帯のことですよ。いま見たら、私のところで値引きしたより更に一割以上も安く売っているじゃありませんか。一体どういうわけですか。納得のいく説明をしていただけるまでは帰れませんよ」

「いや、それもう済んだことじゃないですか。とにかく清算がすんだものについておかしいと言われても困ります」

「それはないでしょう。店売りをしないと言ったのも嘘なら、これ以上安くは売らないというのも嘘。私どもへの卸値よりも更に安く売るというのはどういうわけですか?」

「それは相場というものがありまして」

「あれから何日たつというのです? 相場が急変するような事情は何もないじゃないですか。とにかく、あなたとやり合ってもしょうがない。支配人を出していただきましょうか」

「それは困ります」

「それなら、なぜ店売りをし、なぜうちへの卸値よりも安く売っているのか説明していただきましょう。私が納得できるような説明をしていただけるのでなければ、この前の値段を下げていただくしかありません」

こうして支配人の細田半三郎が政吉の話を聞くことになった。

「店売りしないとおっしゃったのも嘘なら、一割しか引けないといったのも嘘になります。二重に嘘をつかれて仕入れたものを、平気でお客さまに売っては私どもの店の恥になります。それ以上に、あなたの店の恥になる。東京で指折りの大呉服店伊勢丹ともあろうものが、こんな商売をしていてよろしいのでしょうか?

私どもの店は、伊勢丹さんより仕入れて儲けを上乗せして売ります。だから売値が伊勢丹さんより高いことがあっても仕方がありません。しかし、うちの仕入値よりも安い値段で小売りをされては、内野の仕入係は何をやっているんだということになります。店にも申し訳が立たないが、何よりお客さまに不当に高いものを買わせることになる。これは商人として許されることではないと思います。こうなったら、どうしても伊勢丹さんで売っている百二十円以下の値段にしていただいて、差額を頂戴して帰らなければ、お客さまにも主人にも申しわけがたちません」

政吉の言い分は筋が通っていた。一歩もあとへは引かぬといった気概に満ちていたが、興奮して自分を見失ったようなところは少しもなく、只ただ、お店大事の念から出ていることは言葉のはしばしからも汲みとれた。しかし、伊勢丹には伊勢丹の言い分があった。半三郎は丁寧にその事情を説明した。

「なるほど、伊勢丹さんの言い分はわかりました。しかし、私にも内野呉服店の仕入係としての責任があります。このままで済ますわけにはどうしてもまいりません」

半三郎が百万言ついやして説得しても、政吉は頑として譲らなかった。結局、半三郎が折れて、政吉の言い分どおりの値段に値引きをすることになった。

「いやぁ、若いのにたいしたものだ。内野さんは良い仕入係をお持ちだ、感心したよ。番頭さん、お前さんも、うかうかしてはいられないねえ。ところで、おいくつなんだい?」

「二十六だと伺っております」

「そうか、上背があって均斉がとれているし、当然、兵役は済ませたんだろうね?」

「近衛上等兵の時に負傷して、除隊されたと聞いています」

「そうか、近衛兵ってことは、〝身体強健にして容姿端麗、操行衆にすぐれ、家門の卑しからざるもの〟という近衛兵の条件を満たしているということだな。そうか、今日は良い人にめぐりあえた。ところで番頭さん、今回のことはお前さんの方に責任がある。値段のことは交渉ごとだからかまわないが、いくら売りたいからといって、店売りはしないとか、これ以上安くしないなどと嘘を言ってはいけませんよ」

半三郎は支配人としての注意を番頭に与え終わると、その足で丹治のところへといそいだ。

「兄さん、見つけましたよ」

「何を見つけたんだ?」

「ときの相手ですよ」

「えっ、いたのか?」

「いました、いました。今日会った内野呉服店の番頭が素晴らしい。ときに婿を迎えるなら彼しかいないと思うんですよ。今までの候補とは雲泥の差だ」

「そうか。そんなにいい相手か。ときの婿探しはお前さんにまかせたんだから、お前さんの眼鏡にかなったんだったら話を進めてくれ。ときには私の方から話しておく」

「それじゃあ、交渉はまかせてもらっていいんだね？」

「もちろんだ。ときも二十四歳だ。とっくに結婚していい年になっている。ところで彼は幾つなんだね？」

「二十六歳で近衛兵だったそうだ。内野呉服店で政吉という名前で番頭をやっている。本名は今度会った時に聞いてくる」

それから数日を経た或る日、小田原の内野呉服店の店先に、いかつい顔に太い眉、目の鋭い長身痩軀の男が現れた。

「東京神田伊勢丹の細田と申します。ご主人がおられましたら、おとりつぎ願いたいのですが」

「東京の伊勢丹呉服店様、それで御用件はどういったことでございましょう？」

「ぜひ、ご主人にお目にかかってお願いしたい事がありまして参上いたしました」

「左様でございますか。では、少々お待ち下さいませ」

やがて長い廊下を案内されて、細田半三郎は奥まった主人の居間へと通された。出迎えたのは主人の内野幸右衛門だった。

「これはこれは遠いところをようこそお越し下さいました。主人の内野幸右衛門でございます」

「毎度お引立てをいただき、感謝いたしております。伊勢丹の支配人細田半三郎でございます。どうか、お見知りおき下さいますようお願い申し上げます」

「ご丁寧なご挨拶、痛み入ります。こちらの方こそ、伊勢丹様のおかげで結構な商売をさせていただいておりまして、御礼を申し上げなければいけないのは手前どもの方でございます。なんといっても小田原在《ざい》の田舎呉服店では、東京で五本の指に数えられる呉服問屋の伊勢丹様にお引き立てをいただかぬことには商売も立ち行きませんので、どうか今後ともよろしくお願い申し上げます」

しばらく四方山話が続いたあと、細田は切り出した。

「じつは内野さん、他でもございませんが、本日は伊勢丹主人小菅丹治の代理で参ったような次第でございまして……」

「ご主人小菅様の代理ですか？」

「はい。私は姓は違いますが、丹治の実の弟でございます。それで兄より全権を託されて参ったような次第なんですが、ほかでもございませんが、お宅様に政吉さんという番頭さんがおいでになりますねえ」

「はい、おりますが、政吉のことで何か？」

「打ち明けて申しますと、小菅家には養子を迎えなければならない事情がございます。実は長男が天逝《ようせい》いたしまして、残ったのが五人の娘でございます。そこで婿選びということになったのですが、いざとなると帯に短し襷に長しで、なかなか良い方が見つかりません。そんな折りに、こちらの政吉さんにお目にかかりまして、この方なら長女の婿に申し分ない方とお見受けいたしまして、御養子に来ていただけないものかと、本日お願いに上がった次第でございます」

「政吉を養子にですか？　それは又、どうした風の吹きまわしでございましょう」

「先日、当方の手違いから、丸帯のことで大変ご迷惑をおかけいたしましたことはお聞きおよびでございましょうか？」

「はあ、きていておりますが、それが何か」

「実は応対いたしましたのが私でございまして、その折りの政吉さんの態度といい談判の仕方といい、じつに見上げたものでございまして、私は、すっかり惚れこんでしまったのですよ」

「そう言っていただけると大変嬉しいのですが、本当は強引に値引きばかりを求めたのではございませんでしょうか?」

「とんでもない。お店を思う気持ち、お客さまを思う気持ちに溢れておりまして、商売にかけては誰にも負けないと思ってきた私も、政吉さんには正直言って兜を脱ぎました。今どきの若い方には珍しい出来た方とお見受けいたしました。そこで兄とも相談し、こちらでも大切な番頭さんとは存じますが、なんとか小菅家の婿養子に来ていただけないものかと、お願いに上がった次第です」

「それはそれは、思いもかけぬお話で驚くばかりでございますが、お婿さん候補なら伊勢丹さんにも大勢おられますでしょうに、どうしてこんな小田原在《ざい》の田舎者に目をつけられたんでしょうか?」

「その理由は三つございます。まず第一は、店内からは選ばないというのが小菅家の方針でございます。第二は、なるべく東京以遠の方で同業より選びたいということ、第三は、実直で身体壮健の方ということでございまして、こちらの政吉さんをぜひにとお願いいたしますわけは、先程も申し上げましたように、筋の通った理由で値引きを要求された事、応対の誠実さ、お店大事の心と私心の無さ、何より物怖じしない堂々たる態度、どれをとっても伊勢丹の二代目として非のうちどころのない人物と私が惚れ込みました。兄も大乗り気でございまして、私が兄の代理でお願いに上がった次第でございます。どうか、大切な番頭さんとは存じますが、手前どものためにお力添え下さいますようお願いしたいのでございます」

「いやはや、驚きました。政吉は手前どもでもかけがえのない番頭でございますが、天下の伊勢丹さんの御養子ということであれば話は違ってまいります。本人にとって願ってもない出世ですから、私としては極力この話を勧めたいと思いますが、本人が何と申しましょうか、こればかりは本人に当たってみないことにはお答えのしようがありません」

「そうではございましょうが、なんとかそのところを内野様のお力でご承諾下さいますようにお口添えを願いたいのです」

こうして政吉の婿養子の話を内野呉服店の主人に申し入れた半三郎は、政吉の写真と身上書をみやげに帰っていった。その夜、内野幸右衛門は政吉を呼んでこの話をしたが、政吉の返事はにべもなかった。

「お断りいたします。〝小糠《こぬか》三合あるならば入り婿すな〟のたとえもございます。せっかくのお話ではございますが、養子に行く気など毛頭ございません」

「そう思うのは無理もないが、あの伊勢丹呉服店の二代目だぞ。一生に一度あるかないかの良い話だから、私はぜひともこの話をお受けすることを勧めたいんだが……」

その頃、ときも同じように婿取りの話を聞かされていた。婿養子の相手は小田原の内野呉服店の番頭政吉。本名高橋儀平、神奈川県足柄上郡川村字《あざ》岸の農家高橋苫《とま》右衛門とよしい夫妻の三男である。父から写真を示されたときは、

「私は夫になる方の顔かたちについては一切注文は申しません。お父さんの目にかなった方なら結構です。だけど一つだけ条件があります。私は田中智学先生のお弟子になって、日蓮宗のご講義なんか聞いて修養を積むようにしています。ですから私の夫となる方も智学先生のお弟子になって、ご講義を一緒に聞いてくださって、お題目を朝晩唱えて下さるというのだったらかまいません」

「わかった。それならこの話を進めるが、いいかね、決して婿取りをしたと思ってはならんぞ。お前が嫁に行ったと思って夫に仕えるのだよ」

こうして細田半三郎の小田原通いは二回、三回と続いた。この件に関しては半三郎の熱意の方が儀平を上廻った。

「養子を望まないわけは分かりました。しかし、私どもでは養子だからといって、やかましいことをいったり、肩身の狭い思いをさせるようなことは決していたしません。本当の息子同様、商売にも自由に腕をふるってもらおうというのが主人の気持ちで、それは私が絶対に保証します。兄自身が婿養子ですから、養子の立ち場はよく身にしみて知っているのです」

さすがの儀平も半三郎の熱意にはかなわなかった。明治四十一年四月、高橋儀平は伊勢丹呉服店に入店した。

戊申詔書で気を引きしめる

それから半年後、儀平がやっと伊勢丹人として認められだした明治四十一年十月十三日、「戊申《ぼしん》詔書《しょうしょ》」が発布された。詔書とは、天皇の意志を表明した文書であり、明治四十一年十一月が戊申《ぼしん》（つちのえさる）にあたっていたので、この名で呼ばれることになった。

戊申詔書　明治四十一年十月十三日

朕《ちん》惟《おも》ふに、方今人文《ほうこんじんぶん》日《ひ》に就《な》り、月《つき》に将《すす》み、東西相倚《とうざいあいよ》り、彼此相済《ひしあいな》し、以《もっ》て其《そ》の福利《ふくり》を共《とも》にす。朕《ちん》は爰《ここ》に益々国交《ますますこっこう》を修《おさ》め、友義《ゆうぎ》を惇《あつう》し、列国《れっこく》と与《とも》に永《なが》く其《そ》の慶《けい》に頼《よ》らむことを期《き》す。顧《かえり》みるに日進《にっしん》の大勢《たいせい》に伴《ともな》ひ、文明《ぶんめい》の恵沢《けいたく》を共《とも》にせむとする、固《もと》より内《うち》、国運《こくうん》の発展《はってん》に須《ま》つ。戦後《せんご》日《ひ》尚浅《なおあさ》く、庶政益々更張《しょせいますますこうちょう》を要《よう》す。宜《よろし》く上下《しょうか》心《こころ》を一《いつ》にし、忠実業《ちゅうじつぎょう》に服《ふく》し、勤倹産《きんけんさん》を治《おさ》め、惟《こ》れ信《しん》、惟《こ》れ義《ぎ》、醇厚俗《じゅんこうぞく》を成《な》し、華《か》を去《さ》り実《じつ》に就《つ》き、荒怠相誡《こうたいあいいまし》め、自彊息《じきょうや》まざるべし。

抑々《そもそも》我《わ》が神聖《しんせい》なる祖宗《そそう》の遺訓《いくん》と、我《わ》が光輝《こうき》ある国史《こくし》の成跡《せいせき》とは、炳《へい》として日星《じっせい》の如《ごと》し。寔《まこと》に克《よ》く格守《かくしゅ》し、淬礪《さいれい》の誠《まこと》を輸《いた》さば、国運発展《こくうんはってん》の本近《もとちか》く斯《ここ》に在《あ》り。朕《ちん》は方今《ほうこん》の世局《せいきょく》に處《しょ》し、我《わ》が忠良《ちゅうりょう》なる臣民《しんみん》の協翼《きょうよく》に倚藉《いしゃ》して、維新《いしん》の皇猷《こうゆう》を恢弘《かいこう》し、祖宗《そそう》の威徳《いとく》を対揚《たいよう》せむことを庶幾《こいねが》ふ。爾臣民《なんじしんみん》、其《そ》れ克《よ》く朕《ちん》が旨《むね》を体《たい》せよ。

「旦那様、なんで今ごろ詔書が発布されたのでしょうね？」

「そうだなぁ、儀平。私の思うに、この戊申詔書は、今の日本にとって、大変、大切なことだと思うんだよ。お前も出征して傷ついた日露戦争だけどね、あれは本当に日本の完勝だったと、今でも思っているかね?」

「はい。完全に日本の勝利ですとも」

「違うね。私も銃後でハンカチーフ百五十万枚納入という陸軍御用をつとめたから知っているが、あれはまったくの僥倖だよ。アメリカの講和斡旋がなかったら、日本は破れていたに違いない」

「そうだったんですか? 新聞は連戦連勝を報じ続けていたじゃないですか」

「うん、新聞は世論を鼓舞するために、敢《あ》えて日本の国力が底を突いていたことを隠していたからね」

「えーっ、日本は国力が底を突いていたんですか?」

「そうだよ。日本は軍事的にも財政的にも限界にきていたんだよ」

「そうだったんですか」

「儀平、今だから話しておくが、明治三十七年から八年にかけての日露戦争は、日本に勝算があって始めた戦争じゃないんだ」

「そんな馬鹿な。勝てないとわかっている戦争を始めるほど日本は先が読めない国だったんですか?」

「いや、上層部はわかっていた。これは取引の関係でお会いする色々な方に聞いた話をまとめた結果わかったことなんだがね。現に伊藤閣下などは〝今度の戦争は、陸・海軍とも成功の見込みはない。今度の戦争に勝利を得ようとするのは無理であり、成功しようと考えるのは駄目だ。尽くせるだけ尽くして、アメリカの介入を待って、なんとか引分けに持ち込めれば上等だ〟ということを開戦前に側近に漏らされていたそうだ。だから、開戦と同時に終戦工作も初めていたんだよ」

「そうだったんですか。伊藤閣下って、お取引口座にある伊藤博文様のことですか?」

「そう、元老の伊藤博文閣下だ。お前も兵士として従軍中は、連戦連勝で日本軍は強いと聞かされていたろうが、日本軍の犠牲はロシア軍と同じぐらい多かったし、かろうじて何個所かでロシア軍を破って、きわどい勝利を拾っただけなんだよ」

「でも、最初から勝てそうもないってわかっているなら、何故、大国ロシアと戦争など始めたんですかね?」

「それはね、日清戦争で得た朝鮮での権益をロシアが脅かしてきたからなんだよ。まあ、東アジアにおける帝政ロシアの南下政策と日本の大陸進出との衝突ということだな。だから小数のトップは、出来るだけ戦争は避けたいと思っていた。交渉が決裂して戦争しかないとなった時も、早い時期に講和に持ちこんで戦争を止めたいと考えていた。しかし、意外と苦戦続きで長引いてしまい、奉天戦と日本海海戦に勝利した時には兵力も弾薬も消耗しつくしていて、アメリカの講和介入を待っているような状態だったんだ」

「そういった苦しい実情を国民は知らされていなかったんですか?」

「一切、知らされていなかった。連戦連勝だから銃後の国民は我慢しろ。戦場で戦っている兵隊さんの苦労を思えば、銃後の国民が生活を切りつめ、贅沢を我慢し、耐乏生活を送るのは当たり前だ、とされてきたんだよ」

「それで明治三十八年九月五日のポーツマス条約反対運動が起こり、講和を屈辱的なものと騒いだわけですね?」

「そうだ。人々は連戦連勝の報道にだまされて、否応なしに生活難を耐え忍ばされたのに、賠償金は払われず、獲得した領土や権益も少ないというのでは、不満に思うのは当たり前だ」

「それで官邸や政府系新聞社や警察署などが焼き打ちされたんですね?」

「そうだ。国力の内情を知らされてなかったからね。どうして勝ったのに戦利品が少ないんだと、戦争継続を煽る人も居たほどだからその不満は凄かった」

「この戦争のために生活難を耐え忍ばされた人々にとっては納得のいかない結末だったということですね?」

「そういうことだ。だからそれ以降、労働争議や暴動が相ついだし、地主と小作の関係もおかしくなってしまった。その一方で、戦時の規制も解除されたことから、国民の生活水準も多少は上昇した。都市部においては、それを上手に読み取った三越呉服店が〝元禄ブーム〞を創り出した。それ以来、日本中が国粋的な風潮で満たされるようになってしまったんだ。けれど、思えば思うほど日本は身のほど知らずであったといえる。日本はまだ中身の出来ていない国なんだよ」

「日本はまだ実力が備わっていないということですか?」

「そういうことだ。もっと商業を盛んにして、国力を充実しなければならない。だから天皇のみことのりが出されたのだ。この際だから言っておくが、お前もお客さまの声にはよく耳を傾けることだ。正しく聴いて、正しい声を選択すれば、正しい答えに行き着ける。判断に迷うこともない。〝人の口には戸が立てられず〞というが、今度の戦《いくさ》のように、どんなに隠していても、いずれ本当のことはわかってしまうものだ。商売のことも同じだよ。私は自分で気づくよりも、お客さまから教えていただいたことの方が多い。それだけは覚えておくことだ、儀平」

「よくわかりました」

「さて、戊申詔書だがな、わたくしの口からも念を押しておきたいと思うから、明朝、全員を集めておいてくれ」

翌朝、全店員を前に丹治は、次のように明治天皇のみことのりを読み上げて、戦勝の余栄にひたって華美に流れる風潮を戒め、伊勢丹呉服店の店員も国家の政策に従い、共同一致、勤倹力行して国富の増強に邁進すべきことを強調した。

——今上天皇のみことのりを申し上げます。

現在人類文化は日進月歩、東洋と西洋とはたがいに信頼協力の関係にあって文明の福利を共有しています。わたしはこの時にあたって、益々外国との国交を親密にし、友交の情を深め、諸国と手をたずさえて、ともによろこびにひたりたいと願っています。おのれの身にふりかえってみれば、日進月歩の世界情勢にともなって文明のめぐみを共有しようとする場合、もとより、自分の国を自らの努力で発展させることが前提であって、このことあってはじめてそれを期待することができます。日露戦争は終ったがまだ戦後まもないことであり、万般の政治はますますひきしめなおす必要があります。したがって、上下一心、忠実に仕事につき、勤倹をむねとして家計を運営し、どこまでも信義を重んじ、人情にあついのが国民全般の気風となるように、軽薄をしりぞけて質実を重んじ、すさんだ生活やなまけた暮しに落ちこまないように、たがいにいましめ合って、たゆみなく努力を続けてゆくべきであります。

さて、わが父祖の根づかせられた道徳を守るという教えと、国民全体が忠孝に励み、国の為に心を一つに合わせて、その美風を実行してきたという歴史は、あたかも日や星の光のごとくきらきらとして明かであります。したがって、ただ強固に祖先の教えをつつしみまもり、まごころをこめて自らを打ち鍛え研ぎすましてゆくならば、国運の発展は目前にあると考えます。わたしは、現今の世のなりゆきに対処し、忠実で善良な国民のみなさんの協力を頼みとして、維新の大業を拡張し、先祖の威徳をうけてさらにそれを一層高めることができるようにと、心からこい願っているのです。みなさん、どうかわたしの願いを守るように心がけて行動して下さい。

明治四十一年十月十三日――

こうして丹治は、改めて店員達の気持ちを引きしめると共に、上下一心、忠実服業をモットーに、伊勢丹呉服店は常に信義を重んじる商売をするのだと心に誓ったのである。それ以降、明治二十三年の「教育勅語」と四十一年の「戊申詔書」は、小菅丹治生涯の行動規範となった。

帯の会と狐の婿入り

「戊申詔書」発布から旬日を経た明治四十一年十月二十二日、高橋儀平は小菅家に入婿、長女ときと結婚し二代目小菅儀平となる。二十七歳であった。新居は神田本店内に構えた。念願の婿養子を迎え、後顧の憂いのなくなった初代丹治は、明治四十二年、先に購入した芝山内《しばさんない》の邸宅を利用して「帯の陳列内覧招待の会」を催すことを決意した。今までの帯と模様への努力の成果を、広く人々に知ってもらいたいと思ったからである。それはまた、元禄模様で一躍名を馳せた三越呉服店に対抗して、「帯と模様の伊勢丹」の名を満天下に知ってもらうという夢の実現でもあった。

丹治は、女性の服装の中心は帯であり、帯こそ婦人の服装の生命であると考えていた。丹治の認識は、帯は単に着物を飾るだけのものではなく、服装美の中心的要素であると同時に婦人の精神的象徴であり、我が国の誇るべき代表的美術織物であるというものであった。したがって常日頃から西陣の専門一流業者と緊密な連絡をとり、優秀製品の蒐集をすると共に、店として優れた帯の取扱いを増やしてきた。それは伊勢丹呉服店の豊富な品揃えと、高級帯の値段の安さに如実に現われていた。丹治は、これまでに得た問屋仲間からの認識を、一般消費者でもあるお客さまにも広く認めてもらい、「帯の伊勢丹」の呼び名を不動のものにしたいと考えたのである。

会場とする小菅邸は、宣伝効果その他を考えて、「芝山内《しばさんない》の旧伊藤博文邸」の名称で御案内を出すことにして、庭園には紅白の幔幕を広く張りめぐらせ、「あまさけや」の暖簾に因んだ甘酒をはじめとして、蕎麦は麻布長坂の更科から、団子は日暮里の花見団子、そして団子坂の厚焼せんべい、日本橋へっつい河岸の毛抜き寿司等の名物を集め、暖簾、看板、店構えに趣向をこらした模擬店を設けて、園遊会のような形式を整えることにした。商品の方は京都川島甚兵衛商店の川島帝室技芸員の作品を中心に、選りすぐりの製作者による綴《つづれ》錦《にしき》、金襴《きんらん》、唐織糸錦《からおりいとにしき》、厚板《あついた》、ゴブランなどの丸帯を、絢爛目を奪うものから枯淡味ある渋向物まで、幅広く、数百点集めることにした。陳列に関しては誰も知識が無かったため、洋行帰りの専門家を特に指名して頼むことにした。案内状は店の御得意先をはじめ華族紳商、花柳界、芸能界の一流どころに出すことにして、業界初の店外催事の成功を期した。

いよいよ待ちに待った陳列内覧招待会の初日がやって来た。

「おい、あの方、池田侯爵の奥方じゃないか？」

「美人だねぇ」

「あの方は？」

「ああ、三条公爵の奥方だ……」

「やっぱり華冑《かちゅう》界の方々は違うねぇ」

「ほれほれ、新橋の栄竜だよ」

「どこ？　あそこの綺麗な人？」

「そう、あでやかさじゃ今日一番だね」

丹治の心配を吹き飛ばすように、馬車回りのある玄関前の広場には、市内に珍しい自家用自動車、鹿鳴館時代を偲ばせる二頭立の箱馬車、粋なゴム輪の人力車数十台がつめかけ、三條公爵夫人、池田侯爵夫人、細川侯爵夫人、林伯爵夫人、戸田伯爵夫人、島津男爵夫人、大倉男爵夫人、岩崎男爵などの華冑界《かちゅうかい》のお歴々をはじめ、今をときめく高官の夫人令嬢、実業家夫人、新橋赤坂の一流名妓・芸能人、そしてお得意先がつめかけ、百花繚乱、さながら鹿鳴館時代を思わせるような華やかな賑わいを見せた。会場内では令嬢の晴着用の帯を選ぶ夫人、訪問着用のものを見立てる若奥様、春の出の帯、着替えの帯を選ぼうと係の者と話し合う芸者達や、織物見本裂《きれ》から好みを言って別機《べつはた》を注文する年増芸者など、活気あふれる商談が続出し、八十円、百円の豪華丸帯が飛ぶように売れていった。特に川島工場より帯地現物裂地《きれじ》見本帳を展示して、お客さまの好みによって注文をうけたまわるやり方は大好評で、多くの注文が殺到した。庭園に設けられた模擬店も好評で「甘酒も御団子も出る帯の会」と川柳にも詠まれ、各層婦人達の明るい交歓の場となって、まるで大園遊会のような有様であった。招待されたお客さまの中には、にんべんの鰹節切手などをお礼とお祝いの意味で持参される方も多く、丹治の企画した「帯の陳列内覧招待の会」は大成功裡に三日間の会期を終えることが出来た。こうして「帯の伊勢丹」の名声は、業界からも、消費者からも認められて名実ともに揺《ゆ》るぎないものになった。

この芝山内《しばさんない》の邸宅にまつわる出来事として「狐の嫁入り」という昔話が小菅家に残されている。日露戦争の最中、倒産に追いこまれた氷川の山持ちが、山林を買ってほしいと丹治に頼みに来たことは前に触れた。下見に出向いた丹治が峠で一休みした時、固いものが足に触れたので掘り起こしてみると石の狐であった。丹治はこれを持ち帰って芝の家の庭に祀っておいた。

「半三郎、きのう不思議な夢を見たよ」

「何だい？　不思議な夢って」

「うちの庭の狐、知ってるよなぁ。あれがね、夢枕に立ったんだよ」

「庭の狐って、氷川の山の中で拾ってきた石像のことかい？」

「それそれ、それがね、きのう夢枕に立って、〃私の連れそう相手が下谷の方におります。どうぞ一緒にさせて下さい〃って言ったんだよ」

「馬鹿を言うなよ、石の狐が連れ合いと一緒になりたいって言った？　冗談もほどほどにしてくれよ」

「間違いなく、狐がそう言ったんだ。一緒にさせて下さいって」

「不思議な話だねぇ」

「起きてすぐ見に行ってみたんだけどね、いつもの所にちゃんと座っていたから拝んどいたけどね」

「そりゃあそうだろう。あれは石を刻んで彫っただけなんだから歩くわけなんかないよ」

「そうなんだけどねぇ、まちがいなくあの狐が来てしゃべったんだよ、一緒になりたいって」

「でも夢なんだろう？」

「うん、夢なんだけどねぇ、気になるんだよな」

「ひところ兄さんはお稲荷さんを信心していたから、そのせいかもね。狐も言い出しやすかったんじゃないのか？」

「そのせいかねぇ、なにしろ不思議な夢だったよ」

その日も一日中、店は忙しかった。夢の話など忘れて商売に励み一日を終えた二人だったが、翌朝、また丹治が飛んできた。

「半三郎、また夢枕に立った、庭の狐が。〝私のつれあいが下谷の方におりますから、どうか一緒にさせて下さい〟ってね」

「本当なのかい？　人を担ぐのは止めてくれよな」

「いや、本当なんだ。まちがいなく夢に出た」

「信じられんなあ。兄さんがお疲れ気味なのか何かのお告げなのかは知らんけど、こっちは今忙しいんだ。さしあたって夢みたいな話で邪魔しないでほしいんだがな」

半三郎に相手にされなかった丹治は、大番頭の吉野亀次郎の所に行って話しかけた。吉野が丹治と同じ小菅家の守り本尊「朝日弁財天」の夢を見たことがあったからである。

「亀さま、ちょっと話を聞いてほしいんだけどね、夢枕に庭の狐が立ったんだよ。それも二日続けてね。〝下谷の方に自分の連れそう相手がいるから一緒にさせてほしい〟っていうんだけどね、亀さまの所にも現れたかね？」

「いえ、私は見ておりませんけど。そうですか、夢枕にねえ。旦那様の夢枕に立ったってことは、多分、旦那様が氷川から連れて来られたからじゃないでしょうか。狐はお稲荷さまのお使いですし、お稲荷さまは五穀をつかさどる神様で商売繁盛の神様ですから、お言葉は信じた方がいいと思いますよ」

「そう思うかい？　なにしろ二日二晩続けて見たからねぇ」

「〝下谷の方〟というだけでは相手の探しようがありませんけど、こういった事って、意外と待っているうちに道が開けてくるものですよ。第一、男の方から一緒にさせてほしいって申し込むのが筋ですからね」

「そうだねぇ。それじゃ、もうしばらく様子を見ることにしようか」

そしてその夜、また丹治の夢枕に庭の狐が立った。〝私のつれあいが下谷の方におります。どうぞ一緒にさせて下さい〟

「わかった」

夢の中で丹治は頷いていた。

そして夜が明けたその日、なんと相手の狐の持ち主から使いが来た。雄の狐も夢枕に立っていたのだそうだ。そこで両家で話し合い、日を選んで小菅家の狐が輿入れすることになった。

「不思議なことがあるもんだね」

「本当に驚いたよ、兄さん。最初は担がれてるのかと思ったけど、夢枕が本当になってしまうなんて、こんなことが本当にあるんだねぇ」

「まったくだなあ。石の狐ではあっても、めでたい話だよなぁ」

「そうだね。氷川の山の中で掘り起こした狐が、時がきて、小菅家から輿入れするってことだ。これは噂になるぞ」

「この話、商売に使えるんじゃないのか？　これって、お稲荷さんのお使いの輿入れだろう？　お稲荷さんて五穀をつかさどる神様だし、各種産業の守護神だからね。芽出度い話じゃないか」

「そうだね。うちは〝丸伊《まるい》の巽蔵《たつみぐら》、戌亥井戸《いぬいいど》〟を売りものにしているんだから、これで吉兆が二つ重なることになる」

「それじゃあ、立派なお輿入れをしてやろうじゃないか、うちの狐を綺麗に飾りつけてさ。きっと東京中の評判になるよ。店の宣伝だと思えば安いものだ。どうだね、半三郎」

「それはいい。ますます店の知名度が上がる」

こうして黄道吉日《こうどうきちにち》、伊勢丹呉服店出入りの頭《かしら》は店の法被《はっぴ》、番頭は紋付羽織袴で正装し、小菅家の狐は紅白の駕籠に乗って芝から下谷のつれあいのもとに運ばれて行った。石像ではあっても狐の嫁入道中であるから、これは新聞にも掲載されて人々の話題を大いに集めることになった。今のような宣伝第一の時代でもないのに、このような話題を提供して店名を高めた丹治には恐れいる。

こうして伊勢丹呉服店が「帯の伊勢丹」「模様の伊勢丹」と評判をとるようになった頃は、丹治の念願どおり、花柳界と実業界に多くのお客さまを持つことができた。花柳界は柳橋、葭町《よしちょう》、新橋、麹町、四谷、下谷の数寄屋町（下谷天神）というように、全部にお客さまを持っていたうえ、実業界では大倉喜八郎、根津嘉一郎、大木口哲、若尾逸平、雨宮敬次郎、大橋新太郎、浅野総一郎、古河市兵衛、今井清之助、渡辺善十郎など、そうそうたる大立者を固定客とする大呉服店になっていた。そして明治四十三年十一月一日に大丸呉服店が東京支店を閉鎖する頃には、東京新名所の眼鏡橋そばで、明治十九年十一月五日に産声をあげた間口二間の伊勢丹呉服店は、三越、白木屋、松屋、松坂屋と並ぶ東京五大呉服店の一つに数えられるようになるのである。

五　次代への教え

北海道への進出と絹綿の製造

「北海道ですか？」

「室蘭です」

「遠いですねぇ。まだ未開発の土地なんでしょう？」

「いや、どんどん開発が進んでます。なにしろ北炭《ほくたん》がやってますからねえ。北海道の開発は北炭の事業活動抜きには語れないんです。今年は北炭がらみの製鋼所が二つ室蘭に出来るんですよ。二年がかりでしたがね」

「ほう、二ヵ所もですか？」

「輪西《わにし》と母恋《ぼこい》です。そこの従業員を対象にした売店なんです」

「いずれにせよ、一度は現地を見てみる必要がありますね」

「そうですとも、百聞は一見に如かずです。行けば、将来性のあることがわかりますよ」

明治四十二年、伊勢丹呉服店での会話である。明治三十八年に卸部を設置して、以後、大々的に卸売りを行っていた丹治の所には、すでに南は九州の福岡、北は盛岡から上京して仕入れに来る店があったほか、販路は西は大阪、東は北海道まで広がっていた。そんなところに持ちこまれたのが、従前から店に出入りしていた佐藤菊之助からの北海道室蘭製鋼所従業員対象の売店を開く話であった。扱い商品は、主として職工の被服と洋品雑貨、その他荒物類ということであったが、北海道市場の将来性に注目していた丹治にとっては大変興味のある話であった。


この当時の北海道は、明治二十二年に設立された「北海道炭鉱鉄道会社（北炭）」が、明治三十九年に鉄道が国有化されてしまうまで、自社炭鉱と自社鉄道網で道内の石炭生産と輸送をほぼ独占していた。明治三十年代の「北炭」は、「炭鉱」に加えて「レンガ」「コークス」の製造や「造林」業にも進出して積極的に多角化をはかっており、明治四十年には、室蘭区輪西《わにし》に「輪西製鉄所」を、同じく室蘭区母恋《ぼこい》には、イギリスのアームストロング社およびヴィッカーズ社との合弁による「日本製鋼所㈱」を設立した。「輪西製鉄所」は明治四十二年に完成、「日本製鋼所」は一部が完成し、全工場が完成して営業を開始するのが明治四十四年一月である。このように、当時の室蘭は大いに発展が期待される所であった。

丹治は明治四十二年、将来は三千人になると予測される製鋼所従業員を対象に、呉服・綿布・毛布その他を販売する売店を室蘭に開設した。続いて室蘭町大字札幌通字母恋畑二番地の木造板葺二階家を買収して北海道支店とした。その後大正二年には、丹治自ら出張して支店網の拡大強化を推し進めると共に、旭川沿線幌向の未墾の土地百三十六町八反を買い取った。伊勢丹呉服店北海道支店は、扱う商品の質の良さと室蘭の活況との相乗効果によって発展を続け、大正八年までには「室蘭区札幌通」「同輪西《わにし》」「同御前水《ごぜんすい》」「同母恋《ぼこい》」「伊達郡西紋鼈《だてぐんにしもんべつ》」「白老郡社台《しらおいぐんしゃだい》」の六ヵ所に支店を構えるまでになった。ところが支店長は、遠隔の地で本店の管理の目が行き届かないのをよいことに、旭川沿線の開拓に手をつけずに、独断で古溶鉱炉工場を買収して事業を行っていた。その一部始終を本店が知ったのは、溶鉱炉工場の火災消失の新聞記事によってであった。神田本店からは急遽、番頭の天野省三が派遣され、調査の結果、支店長の独断と放慢経営が明らかになり、支店の閉鎖と北海道よりの撤退が決定された。この時の損害は全部で十万円にも及んだ。旭川沿線の未墾の土地は、空知郡北村字砂浜《そらちぐんきたむらあざすなはま》三七一から三八二番地の土地約百三十五万平方メートルであったが、その後開墾して伊勢丹農場として貸し出し、昭和四年に売却することで北海道事業は終了した。

話はかわって神田の本店では、丹治の北海道進出決定と時を同じくして、婿養子の儀平が、待ちに待っていた報告を丹治にもたらした。

「お義父《とう》さん、出来ましたよ、いいのが。これなら売物になります」

儀平は内野呉服店の番頭から伊勢丹呉服店の若旦那として迎え入れられて以後、丹治から厳しく再教育をされていた。それは丹治自身の経験から、

「養子だからといって、天下り的に上につけても決してうまくいかない。皆に実力が認められて、周囲が納得してはじめて上に立つことが出来るのだ」

という考えにもとづくものであった。

儀平は伊勢丹呉服店に来てから、何から何まで下の者と同じようにやらされた。仕入れは三等車の固い座席で夜行利用、京都はむろんのこと、桐生、足利、伊勢崎など、関東一円どこにでも行かされた。

また、伊勢丹呉服店は小売店と卸問屋の兼業であったから、小僧の引く箱車のあとについて、卸し商売のイロハから体験させられた。この再教育、再訓練は徹底的に行われた。

儀平は抜群の理解力と負けずぎらいの根性でこれを乗り切った。こうして儀平の実力は、反抗的であった番頭たちからも一目を置かれるようなって、若旦那としての統率力もついてきた。この間、丹治が折りに触れて儀平に言い聞かせたのは、

「景気のいいときは、誰が何をやっても儲かる。これは文字通り儲かるのであって、自分の力で儲けるのではない。不景気な時に、人一倍苦労して儲けるのでなくては、本当の商人とはいえない」

ということであった。

こうして儀平は、一つの大きな仕事を任されることになった。それが伊勢丹呉服店直営工場の管理である。

商品づくりが三度の飯よりも好きだった丹治は、一時、人造絹糸造りに取り組んだことがある。丹治は欧米で人造絹糸の研究が進んでいると知ると、自分の所でも事業化してみようと、早稲田山吹町と鶴巻町に工場を設けて、その研究に取り組んだ。婿養子の儀平にも、呉服商売のかたわら工場の面倒を見るように命じて、大きな期待をこめて取り組んだのだが、意外に製品化の道は険しかった。そんな研究開発が膠着状態の時に、出入りしている保険勧誘員から福島、山形方面の蚕産地に屑繭の毛羽《けば》が大量に余っていることを聞いた丹

治は、儀平に絹綿の製造開発を命じたのである。この頃の市場には、純真綿、木綿夜具綿、青梅綿、小袖綿など各種の綿が氾濫していたが、絹綿は屑繭の毛羽から作る真綿の一種で、木綿よりも湿気を吸う比率が少ないので大変重宝なのだが、製造が難しかったのである。

儀平は、蚕が繭をつくる時に足がかりにつくっていく「毛羽」を安く買ってきて、それを開いて絹綿をこしらえる機械の発明に取り組んだ。この「繭毛羽《まゆけば》」を解除して絹綿にするということは、専門の技術者でもむずかしいと言われていたのだが、儀平は古い針布を買ってきて、織物のくずをほぐして繊維の状態に再生するガーネット・マシーンに細工すると、繭から「繭毛羽」を簡単に解除する機械をつくり上げたのである。正に儀平の才能が、技術者の領域においても非凡であることを証明した出来事であった。

「お義父《とう》さん、出来ましたよ、いいのが。これなら売物になります」

「そうか、出来たか儀平。よく頑張ったなあ。どれどれ、見せてごらん。うん、これはいい。絹綿としては仲々の物だ」

そんな折りも折り、台風の余波で二工場が床上まで浸水するという事件が起きた。儀平は機械が水びたしになるのを防ぐために八面六臂の活躍をしたが、二工場の被害は甚大であった。この明治四十三年の大水害の被害と今までの経費を勘案して、丹治は山吹町の工場を廃止して鶴巻町の工場に一本化すると共に、人造絹糸をあきらめて、絹綿一本に絞りこむことにした。丹治も感心するほどの出来ばえの絹綿は、一度市場に出すと、一貫匁八円八十銭から、一等品は一貫匁十三円までの値段がついた。丹治はこの絹綿の原料を東北白河から仕入れることにし、精選して「敷島真綿」と命名すると、掛布団と丹前に仕立てて大々的に売り出した。こうして工場経営を軌道に乗せた儀平は、次に、この絹綿を富士紡績株式会社に売りこもうと試みた。横浜の富士紡績保土ヶ谷工場の工場長林田操は、快く試用に応じたうえで長期契約を結んでくれた。以後、毎月の工場製品はすべて富士紡績に納入することになり、この縁で儀平は林田と親交を結ぶようになる。絹綿はその後ますます人気が出て、一時は、繭毛羽の蚕出地を、鐘紡、富士紡、小菅で買い占めてしまうというほどの勢力になったが、大正三年七月二十八日に第一次世界大戦が始まったことで富士紡績との契約は打ち切られ、丹治と儀平は二万貫にも及ぶ大量の買入原料と製品の処分に苦しむことになる。丹治と儀平は八方手をつくして販売に励み、最終的に横浜「英一番館」（ジャーディン・マセソン商会）を窓口に、約一年をかけて英国に売却することで結着をつけた。儀平は後年、この時の工場体験が、呉服商売に次いで一番の修業になったと述懐すると共に、「私はこう見えても工業家としての経験もあるんですよ」と語るのを常とした。

このように丹治のアイデアのもと、伊勢丹呉服店は次から次へと新しい商品を創り出して売っていたが、この頃、伊勢丹呉服店が独自の織物として売り出し、小売りはもちろんのこと、問屋、呉服仲間でも好評を博し、飛ぶように売れたものに「絹横唐桟《とうざん》」がある。細織り百番糸の縦糸に、絹糸を横にして織り上げたものと、八十番糸の縦糸に、絹糸を横にしたものとの二種類を製織したが、紬および銘仙の代用品として評判が良く、盛んに売れた。このほか紬と綿の交織の「喜楽紬」「おほほ紬」などの特製品があり、名物として上々の評判を得ていた。そのほかには「東京染小紋」の類を多数注文染めして卸、小売り両方で販売、紋付模様の類は一年中織先に出して作らせていた。このように丹治は、自家生産に力を入れることによって他店にない安くて品質のよい商品を作りつづけ、関東大震災までの伊勢丹呉服店は六つの織物工場を経営して、年間五万円以上の利益を計上していた。

丹治はこういうふうに商品づくりにおいて人一倍の才能を発揮したが、仕事を見切る際にも非凡なところを見せた。丹治はいつも接客中に自家製品のことに触れ、さりげなく生産打ち切りの時機をうかがっていた。

「手前どもでは今こういう紋織を売り出してるんですが、最近お客さま、どこかで御覧になったことございますか？」

「いいえ、まだ見ておりませんねえ」

こういう答えが返ってくる間は盛んに作らせた。

「そういえば、今日どこそこで一人二人見かけましたよ」

とでも聞こうものなら、直ちに生産を中止させた。

「旦那様、こんなに売れているのに生産中止ですか？　もったいないですよ。まだまだ当分売れますのに……」

「いいや、生産中止です」

「なぜでございます？　見す見す損をするようなものじゃございませんか、こんなに売れているのに……」

「それはだねぇ、世間にちらほら見えるようになると、これは相当行き渡ったものと見てさしつかえない。またそうなれば益々売れる筈だから売りたいのが人情というものだ。だけど番頭さん、こうなってくると必ず贋物が出てくる。残念だが、そんなものに値をくずされてはこっちの信用がたまらない」

紋織の時も、風通の時も、丹治の予測したとおり、早速、八王子や越後で贋物の製造が始まったというから恐ろしい。このように丹治の商売は、度胸と着眼の良さのうえに、その切り上げが一層良かったことで失敗がなく、伊勢丹呉服店をますます発展させることになった。

帝国十業団計画

婿養子儀平の教育の合間をぬって、北海道支店の開設、大水害による山吹町の工場閉鎖と忙しく明治四十二年を過ごした丹治であったが、その間も丹治の頭脳は次の計画に向けて動きを止めることはなかった。明治四十三年の或る夜、丹治は主要な店員達を芝の自宅に集合させていた。

「皆さん今晩は。今日も一日、本当にご苦労さまでした。

さて、今晩みなさんにお集まりいただきましたのは、ほかでもない、日比谷の土地利用の件についてでございます。皆さんも色々と噂を聞いておられると思いますが、今日は、ざっくばらんに皆さんのご意見を伺いたいと思ってお集まりいただきました。只今わたくしが借用しております中山侯爵邸跡地は、広さが千坪ほどありまして、わが伊勢丹呉服店が店をつくるのには充分以上の広さがございます。したがいまして、先ず、これが活用は、わが伊勢丹呉服店にとりまして非常に大きなことであり、今後の我が店の有り方に大きく関係してくる問題であることを認識していただきたい。これが今日申し上げたい事の第一点でございます。ご存知のように中山侯爵邸跡地は、現在は人通りがまだ少ない所ですが、日比谷公園の角に位置する一等地でありますから、将来、必ず東京の中心になる場所と考えております。いずれ公園の利用も含めて、周辺の開発が進んでまいりますならば、商業地としても多大な可能性を秘めた場所であると考えます。ご承知のように、明治の御世《みよ》は、銀座煉瓦街のように、都市計画一つで大繁華街が瞬時に出来上がる時代ですから、ここも計画一つで、それが実現出来ないとも限らない。いや私は、それが可能であると考えております。そこで今晩は、皆さん方の腹蔵のない御意見を伺い、将来計画の参考にしたいと考えて集まっていただいた次第です。話の順序として、先ず私の考えている計画についてご説明いたします」

丹治は、芝の本邸大食堂に集めた店の主要店員達を前に昨年来の腹案を披露し始めた。

「私は、銀座煉瓦街のように、この土地に三階建ての煉瓦造りの一大建物を打ち樹《た》てて、日本一の伊勢丹を実現したいと考えております。ご存知のように、わが業界においても革新が相次ぎ、わが店が創業した明治十九年には、白木屋呉服店が洋服部を創設しております。翌明治二十年には、高島屋呉服店が貿易部を新設、京都本店では外人客対象の貿易部で陳列販売を始めました。明治二十五年には、三越呉服店が現在の商品券に当たる呉服切手というものを発行いたしました。そして明治二十八年には、本店二階全部を陳列場に改築して陳列販売を始めております。明治二十九年には、京都の高島屋呉服店がショーウィンドーを設けました。明治三十二年には、大丸呉服店が、京阪神店と東京店と名古屋店の三店で使える共通呉服切手を発行いたしました。同じく明治三十二年五月には、高島屋呉服店が京都本店に地方係を設置して通信販売を始めております。明治三十三年には、三越呉服店が座売りを廃止して、すべて陳列式に改め、女子店員を採用するということを始めました。そして明治三十七年には三越呉服店が株式会社となり、デパートメントストア宣言を発しました。こういった業界の革新の流れは皆さんよくご存知のことと思います。わが伊勢丹呉服店も、鋭意努力を続けて、帯と模様に関しては遜色がないところまでまいりましたが、総合的には、まだまだ先頭に立つ此れらの店に勝《まさ》るだけの実力はそなわっておりません。しかし、真の勝負はこれからであると考えております。こういった別格の大店《おおだな》に対して、わが伊勢丹呉服店が戦いを挑《いど》み勝ち抜いていくにはどうしたらよいのか？　それは競争相手を研究し、その戦略の先を行くことしかないと考えます。そこで私なりに考えてみましたところ、三越呉服店のデパートメントストア宣言は、『およそ呉服装飾に関する品目はすべて一棟の下において御用が足りるようにする』と言っておりますように、呉服装飾に関係するものの種類を増やしていこうというものです。これならば後発の我々にも勝機は有ると考えます。

そこで私は、呉服、雑貨、食料品の販売はもちろんのこと、その一棟の中には浴場、理髪部など、日常生活に関係するあらゆる営業部門を包含したのを造って対抗すれば大丈夫であろうと考えました。経営方式は呉服無尽《むじん》の資本家的近代経営に着眼いたしまして、株式組織に類似する呉服無尽の大企業化、言うなれば会社組織による営業無尽とし、この無尽会社には十業種ほどに参加してもらい、『帝国十業団』というものを設立することを考えました。既に中山子爵様からは御参加の意志を確認済みでございます。そういうわけで、この計画が実現した暁には、わが伊勢丹呉服店が日本一の大商店と呼ばれるようになるのも夢ではないのでありまして、私は、ぜひとも幹部店員である皆さん方の賛同を得て、この計画の実現を期したいと考えております」

丹治の計画説明は終わった。集まった店員達のほとんどが夢想だにしなかった大計画である。古参の店員達は、その計画の大きすぎることに疑問を抱き、時期尚早として強い反対を表明した。

「旦那様、そのような大それたことが私達の店で出来るものなのでしょうか?」

「旦那様、あのような草茫茫《ぼうぼう》の所に店を造っても商売になりますでしょうか?」

「旦那様、私達は呉服以外の事は存じません。経験のないことに手を出しても大丈夫でしょうか?」

誰もが不安を口にした。

一番多かったのが
「旦那様、呉服というものの需要があるかぎり呉服店は成り立ちます。ですから、今のままでよろしいのではないでしょうか?」

「そうですとも、旦那様。なにも他所《よそ》様がやったから、うちもやらなくてはいけないということはないと思うのですが」

という意見であった。

それに対して丹治は、

「皆の心配はよくわかる。しかし世の中は日進月歩だ。今は不可能に思えることも、そのうちに出来るようになる。田中智学先生がおっしゃるには、近い将来、広い海の上に都市が出来たり、人間が鳥のように空を飛ぶようになるという。私たちもそういった世の中の進歩に後れをとってはならないのだ。もちろん、これだけの大計画だから、充分に調査研究をして取りかかる必要はあるが、何もせずに今の境遇に甘んじていては、伊勢丹は世の中の進歩に後れをとるようになる。それだけは避けたい。小企業がだんだんに大企業化していくのは世の中の趨勢だ。そのための挑戦を恐れてはいけない」

店員達の反対と丹治の説得が延々と続いた。長時間の質疑応答の末、

「旦那様に一任」

ということで丹治が押し切った。

丹治は考えた末、東京実業組合連合会の会長星野錫を創立委員長にして、「帝国十業団」計画の実現に取りかかった。まず第一に商圏調査と購買動向調査、それから業種の選定、その一方で建物の設計と見積もりなど、調査研究することは山ほどあった。そしてその間に事務局長の不正行為が発生したり、設計変更などがあったりして、計画は遅れに遅れ、最終的に業種の決定と赤煉瓦で三階建ての設計図及び十二万円という建築見積もりが出来上がってきたのは四年後であった。いよいよ計画を発表し実行に移そうという時に当たって、この計画に強く反対を表明したのが婿養子の儀平であった。儀平は立地条件を再度検討しなおした結果、改めて事業中止を義父に申し入れた。

「お義父《とう》さん、どう考えても日比谷は帝国十業団計画には不向きです。調査上は乗降客数が多くて購買力が有ることになっていますが、人数の実体は附近の会社の勤務者とその会社への訪問者の出入りにすぎません。あとは日比谷公園の散策者達です。どう計算しても採算がとれるとは思えません」

このような基本理由をあげて儀平は事業中止を義父に申し入れたのである。その時点まで丹治は、固い信念の下に事業化を押し進め、友人や先輩たちが事業中止の意見をしても頑として聴き入れなかったが、儀平が静かにそう進言すると、

「お前もそう思うか。それなら帝国十業団の計画は中止しよう」

と、初めて首をたてに振ったのである。この間に費やした費用は五万円以上に達したが、その事業費用の一切を丹治が一人で負担し、他には少しも迷惑をかけなかった。この計画中止となった場所は、後に丹治の弟半三郎の長男細田徳太郎が、儀平（二代丹治）の伊勢丹新宿進出と時を同じくして百貨店「美松」を起こしたが、三年ほどで行き詰まってしまい、儀平の見通しの確かさを証拠だてることになった。

店憲三綱五則

明治四十五年、丹治は東京呉服太物商同業組合の会長に選任された。多望な日々が続いたが、丹治はその合間を縫って、次女愛子のために結婚相手を探していた。長女ときの場合と同じように、他店からの商人を婿養子に迎えることにして、数ある同業と取引先の中から久保田商店に勤めていた八木千代市を相手に選んだ。こうして明治四十五年四月十一日、八木千代市は伊勢丹呉服店に入店する。丹治は、儀平に続いて千代市という頼もしい婿養子を小菅家に迎える喜びにひたっていた。これで小菅家は安泰だ。有能な婿二人を得れば後顧の憂いは無くなる。業界の長である東京呉服太物商同業組合の会長にも就任した。あとは日本一の伊勢丹を目指して、思う存分店を発展させていくだけだ。丹治の夢は大きく広がっていこうとしていた。

その矢先、丹治の思いに冷水をあびせるような大事件が起きた。伊勢庄呉服店時代から丹治の尊崇の的であった明治天皇が亡くなられたのである。

明治四十五年七月三十日、明治天皇崩御。七月三十一日、大正と改元。

明治は終わった。天皇の死に時代的意味はないにもかかわらず、人々はここに時代のひとつの転換点を感じていた。多くの人々が、丁髷《ちょんまげ》時代の一島国が、世界の強国に伍するまでに発展できたのは、この天皇が居られたからだと感じていた。此の当たりのことを、文豪田山花袋《たやまかたい》は著書「東京三十年」の中で次のように記している。

――明治天皇の喪の発表せられたのは、忘れもしない暑い暑い七月下旬であった。（中略）

「ああ、とうとう御かくれになったか。」

こう思うと、何とも言われない気がした。いろいろなことが胸に一緒にごたごたと集まってきた。

西南の役、そこでは私の父親が戦死した。つづいて日清の役、日露の役には、私は写真班の一員として従軍して、八紘《はっこう》にかがやく御稜威《みいつ》の凛《りん》とした光景を眼《ま》のあたりに見て来た。日章旗の金州南山《きんしゅうなんざん》の敵塁《てきるい》にかがやくのを見て雀躍《こおどり》して喜んだ私は、私の血にも熱い日本国民の血の流れているのを覚えずにはいられなかった。私は思想としてはFree-thinkerであるけれども、魂から言えば、やはり大日本主義の一人である。私は明治天皇の御稜威を崇拝せずにはいられなかった。それであるのに……。

私は黙然として立尽した。親しみの多い、なつかし味の多い、恐れ多いが、頼りにも力にもし申上げた私たちの明治天皇陛下は崩御された！――

生方敏郎《うぶかたとしろう》は、著書「明治大正見聞史」の中で、

――月末になって、陛下はとうとうおかくれになった。六千万国民の憐れなる祈りも天に

通じなかったのか、と嘆く人々が多かった。それから暫くの間は、どこの家でも皆父を失ったような心持で暮していた。暗夜に灯の消えたような頼りなさが誰の顔にも見られた。――と記している。

俳人沼波瓊音も、

――夕顔や明治といふも今日きりぞ
　大喪《たいそう》の世は寂《じゃく》として蝉の声
　大喪の秋に入りけり如何にせよと――

と、当時の心境を句に託《たく》している。

丹治も例外ではなかった。一人の偉大な指導者が去るだけで、これほど人々は先行きに不安をもつ。自分は偉大でも何でもないが、自分が居なくなった後、伊勢丹はどうなるだろうか。長男として婿養子の儀平はどうするだろうか。儀平は優秀だが、まだ経験も浅い。自分が居なくなったとすれば弟の半三郎が儀平を盛り立てていく筈だが、店の者達は将来に不安を抱くだろう。それは店の先行きにも影響する。商売のやり方は、その時その時の時代に合わせてやってゆけばよい。しかし、商売には変えてよいものと変えてはならないものとがある。それは店の存在理由にかかわってくる。自分は幸いにも、伊勢屋庄兵衛呉服店の御主人、日野島庄兵衛様に教えていただいたが、自分はそういった大切なことを、まだ儀平に充分教えたとはいえない。いま自分が突然いなくなったとすれば、伊勢丹呉服店は船長を失った船と同じことになる。後を継いだ船長が不慣れで、針路・方向を知る羅針盤を持たないとすれば、一体、船はどうなるか？　座礁・難破は目に見えている。これは大変なことだ。いつ何が起ころうとも、「大切な事」だけは次代に伝わっていくようにしておかなければいけない。丹治の心に、そういった事柄をまとめておこうという考えが浮かんだ。

このとき丹治が思い浮かべていたのは、今は亡き明治天皇のお言葉であった。明治二十三年十月三十日に発布された「教育勅語」と明治四十一年十月十三日に発布された「戊申詔書」は、丹治が最も感銘を受け、深く心にきざんで片時も忘れたことのない人生の指針であった。まず、この二つの御教えを根底に置こう。そして自分がこの世に生を受けてからの両親家族の教え、世間の人々に教えられ、また、世間の荒波の中から学びとってきたこと、伊勢庄時代に覚えたこと、独立してから学びとったこと、すなわち働きつつ考え、考えつつ働いて体得した自分なりの商売上の信念を成文化しよう。日本国民として、我々は何のために、ここに存在しているのか？　何のために働いているのか？　伊勢丹呉服店で働く者は、その中でどんな役割を果たしているのか？　商売でやってよいこと、やってはいけないことは何なのか？　商人としてやってよいこと、やってはいけないことは何なのか？
　こうして大正二年二月五日、丹治は、田中智学師と天野顧問弁護士の助言を受けながら、自分なりの商売上の信念を「伊勢丹呉服店店憲三綱五則」としてまとめあげた。

［店憲三綱五則］

至誠

- 三綱
  - 正義の観念を
  - 勤勉の意気を
  - 秩序の風習を
  - 心と為し
- 五則
  - 義務を
  - 礼儀を
  - 勇気を
  - 信用を
  - 質素を
  - 体となす

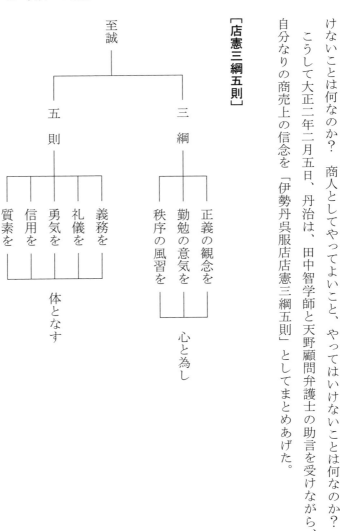

［店憲三綱］

第一　正義の観念

およそ、本店員である者は、必ず正義の観念を持たなければならない。正義とは、道徳にしたがって誠実な言行を完全に実行することである。日常の安心も商業道徳も皆これを基本とする。すなわち日本国民のあるべき姿を自分自身の身で具体的にあらわすことである。その教えは、ひとえに明治天皇の教育勅語ならびに戊申詔書のおぼしめしにあるとおりである。我々はこれを基本として堅く心にとどめ、進退のすべてをこれによって判断し行動する覚悟を決めなければならない。

第二　勤勉の意気

およそ、本店員である者は、平生、必ず勤勉の意気を養わなければならない。義を通すことが正しいといっても、これを励み行なわなければ、その成果はあらわれない。人はもし一度でも怠け心が起これば、悪心や、よこしまな心が、あっというまに心とからだを侵してしまう。励む者は物事を成しとげ、怠ける者は目的を達成することができない。悪いことは怠け心より起こり、善いことは勤勉より生まれることを知れば、正義もこれによって輝きを増すこと、動力によって船や車が動くのと同じである。まして商業の活力は、すべて勤勉によって啓発され持続する。特に商業に従事するものは、とりわけ勤勉の意欲を持つべきである。

第三　秩序の風習

およそ、本店員である者は、常に必ず秩序の風習をとうとぶべきである。人に対しては上位職、下位職、年上の者と年下の者との序列を乱さず、事に当たっては何が大事で何が小事であるかその本質と重要度を誤ることなく、目上の人を敬い、目下の者をいつくしみ可愛がるという心情も、つまりは秩序の表現にほかならない。他人に対しても家庭においても、あるいはまた国家においても、秩序はこれを維持する基本である。秩序に従うことを節操という。これを守ることを道義という。節操と道義の心があって初めて人の常に守るべき道を実践することができる。まして商家にあっては、人と事業の関係上最も秩序を尊ばねばならない。

［店憲五則］

昔は国民の階級に士農工商の区別があった。商人はいやしい町人として扱われ、国民の最下位に位置付けられていたが、明治の世になって先の天皇陛下がすべての者を同様に愛する政治を行なわれ、国民は誰でも天皇の国民として世間に出ることができるようになったのみならず、天皇の御威光で日清・日露の大戦に勝利し、今や一等国民として堂々と世界を歩けるようになったことは、何が幸せといって、これにまさるものがあろうか。したがって、いやしくも日本国民である者は、常に忠義をつくし、国の恩に報いる気持ちをかたくし、天皇の御威光と国運の進展を心がけなければならない。そして商業は、実に国運発展の一大要素であり、またその一番の近道であるから、商人たるものは、深く国家の盛衰とかかわっているという自負をもって慎重かつ奮励して仕事に取り組まねばならない。現に英国の類を見ない繁栄は、すべて商業が堅実で隆盛であることによる。ことに「商業に境界なし」ということは、早くから識見のある人が言っていることで、世に出て立派な地位につき、家名を盛んにし、進んで国運の発展に役立とうと思う者は、商業に関して、志を大きくもち、遠大で着実な計画を持つことこそが肝要である。店主は才知に乏しい者ではあるが、早くから目的を商業において、経験をつみ、修養を重ね、独立して開店したのは実に明治十九年十一月のことであった。それ以来、苦労の末に初心の一端を達成することができたのは、これもまた店員一同がよく店主に協力して、つとめ励んだことによる。

なお、このうえにも業務を拡張して、ますます国民の義務を果たして国運の発展に役立ちたいと願っている。そして、左に書き示すものは、本当に店主が自分自身で実際に行ってきたものであって、あえてむずかしいことを他人に求めているわけではない。

店員がこの教えを心にとどめて実行すれば、単に商業に従事して、世間に出て立派な地位につき、家名を盛んにするのにとどまらず、広く世に出て、人に接し、国家の進歩と発展にかかわっていくうえで、決して人様におくれをとるようなことにはならない。いま店の規則を制定するに当たって、主として商業道徳の根本観念によって商家の日常生活における根本精神を述べ、三綱五則からなる具体的な規則をあきらかにしたので、今後、広く互いにこれを実行して、限りない幸せを身にうけるようにしようではないか。

店規第一則　店員は義務を守るべし

およそ、義務を重んじない人は、いいかえれば責任を理解していない人であるから、決して物の用に立つとは思われない。まして店員であって店則を守る心が堅固でなければ、どのように弁舌が上手で学問があるとしても、我が店から見れば、義務を果たさない人と言わねばならない。元来、商売を大切にし、顧客の便宜をはかり、商運を盛んにするのは、ひとえに店員にかかっているので、店員の良し悪しは、直ちに商いの盛衰にかかわってくる。店員が責任の心を強く持っておれば、家業に欠陥なく、顧客に不満なく、家運隆昌し、商売が栄えることは間違いない。だから、本店員は正しく店則を守り、奉公の心を強く持ち、家運と共に商業者としての天から授けられた才能を発揮すべきである。

店規第二則　店員は礼儀を正しくすべし

およそ、店員が顧客に対して失礼があってはならないことは勿論のこと、上は店主より下は小僧にいたるまで、そのあいだに自ずと慣例・しきたりというものが存在するうえに、同じ地位・同級の間柄といっても入社に新旧があるのであれば、新入りの者は古くからいる人に従うべきで、小僧は番頭から命じられることは、あたかも店主の命令を受けるのと同じようにすべきである。自分の直属上司でなくても、先輩はむろん古参の人に対しては尊敬の念を忘れてはいけない。また、先輩・古参の人は、後進・新参の人に対し、少しも馬鹿にしてあなどったり、いばったりしてはいけない。店の仕事のため体面が必要な場合はともかく、その他の時はつとめて親切丁寧にとりはからい、店主が一般店員を子供のように愛し大切にするという基本に反することのないように、慈愛を第一と心掛け、上下一致して家庭の平和と商運の発達とを心掛けるようにすべきである。

店規第三則　店員は勇気を貴ぶべし

商人というものは、絶えず多くの荷主に接し、得意先と応対するのが仕事であるから、勇気がないと常に他人にひけをとり、十分な仕入れ、または売り込みをすることができないのは当然である。そうはいっても勇気には大勇と小勇があり、いたずらに血気にはやって粗暴な振る舞いなどをするのは真の勇気とは言い難い。店員であろうとする者は、常によく義理をわきまえ、修養を積み、思慮をつくして得意先の注文に応じるべきである。小さな買い物であってもおろそかにせず、大得意先であっても、へつらわず、商売の尽くすべき義務を果たすことが真の勇気である。したがって勇気を重んじる者は、人に応接する時には温和で誠実であることを第一とし、人々の敬愛を得るように心がけなさい。つまらない知恵を弄して一時しのぎにその場をとりつくろって、しまいには荷主、得意先に嫌われるようなことのないようにしなさい。

店規四則　店員は信用を重んずべし

およそ、商人というものは信用がなくては一日も商売をすることができないものである。信用とは、自分の言葉にうそがなく、行いに誠意があり、荷主、得意先はいうまでもなく、世間の人々に信頼してもらい注文取引にまったく疑わしさのないようにすることをいう。だから信用を完全に保とうと思えば、すべての取引に対し品質を吟味し、デザインを調べ、選び方に注意し、いわゆる安うけあいをさけ、だましたり、よく見せようと上辺《うわべ》だけをよそおい飾ることをしないで、誠実に親切をつくせば、すべての人が同じように信頼してくれて、商売の繁昌すること、あたかも水が低いほうに流れるように、招き呼ばなくても顧客は店頭に満ちあふれるようになる。

店規五則　店員は質素を主義とすべし

およそ、商人は質素を基本としなければ、軽薄に流れ、華美にはしり、遂には欲深くなり、志も自然にいやしくなって、信用も勇気もなくなり、世間の人々につまはじきされるようになり、その身は一生のあいだ不幸に終わることだろう。この風潮がひとたび店員の間に起きれば、内部では店則は守られず、外部に対しては荷主・得意先に間違いなく嫌われるだろう。本来、商人の繁栄の第一の原則は、自分の儲けを少なくして、公衆の利益に役立つことにある。ひとたび質素の習慣を失うと、薄利公益という人の行うべき道をとることができなくて、自然に暴利をむさぼるようになるのである。これは大きくいえば商業の本来の趣旨にそむくことになるし、小さくは商運衰退の原因となる。大いに慎まなくてはいけない。そういうわけだから、ぜいたくの風潮が一度でも起これば、これは店の運勢の不幸のみならず、その人自身の堕落となるだろう。深くこの点に注意し、自分の立場を考え、職責を大切にし、質素を第一とし、決して浮ついて軽薄に流されることのないように努めるべきである。

右に制定した三綱五則は、店員であれば一寸の間もこれを忘れてはならない。そしてこれを行うに当たっては、第一項の誠意こそが肝心である。心が誠意に満ちていなかったら、どんな快い言葉も、どんな善行も表面のとりつくろいであって、ほめる価値はない。「精神一到何事か成らざらん」というのは誠意を意味するものであって、心さえ誠意があれば、何事もやりとげることができる。いうまでもなく、この三綱五則は、世わたりの要点であって、また、人間として常に守るべきみち、自然の根本原則であるから行いやすく、守ることもむずかしくない。店員の皆さんがこれを胸にとめて常に実行すれば、商業家としての義務をつくし、光栄ある成功を遂げるだけでなく、日本国民としての能力を十分に発揮し、世間に出て立派な地位につき、家を栄えさせ、父母の名を揚げ、それによって忠孝信義をまっとうしたすばらしい人生を実現することができるだろう。どうか一家全員が、こぞってこのような人生を現実のものとすることを、希望してやまない。

大正二年二月五日

伊勢丹呉服店　主人

小菅丹治

店員は左の条件を守り、決してそむいてはならない。

第一条　まごころを基本として誠意をつくし、不正と信用のないふるまいがあってはならない。

第二条　得意先はむろんのこと、目上の人には礼をつくし、同僚には信義を守り、粗暴無礼のふるまいがあってはならない。

第三条　店の規則に基づいた目上の命令は、直ちにこれに従い、かりにも反抗のふるまいがあってはならない。
第四条　へりくだりゆずることを重んじ、商売に努めはげみ、おごって人をあなどるふるまいがあってはならない。
第五条　才知をもてあそび、争いを好み、得意先はむろんのこと、世間の人の嫌悪を買うようなふるまいがあってはならない。
第六条　修養を積み、質素を第一とし、派手で軽薄にながれるようなふるまいがあってはならない。
第七条　社会生活上守るべき道を尊重し、恥を知り、いやしく欲深いふるまいがあってはならない。

この三綱五則は、丹治が商人として誠実に、また真剣に、努力努力の商売を実践した結果として汗と涙の体験の中から生み出された商売を成功させるための根本理念である。孔子の教えである儒教においては、人間の基本関係としての「君臣・父子・夫婦」の三つの道と、人として守るべき「仁・義・礼・知・信」という五つの道徳のことを意味する「三《さん》綱五常《こうごじょう》」という言葉があるが、丹治がこの言葉にヒントを得て、「三綱五則《さんこうごそく》」という体系を選んだであろうことは想像にかたくない。

まず店員のなすべき三つのおおもととして、「商売人は、常に誠実で正しく、勤勉でなければならず、秩序を大切にしなくてはいけない」と定め、「商業は国運発展の一番の近道であり、国家の栄枯盛衰にかかわっている重要な分野である」と説明し、「そのために守るべき正しく必要な規則を明かにするから、共に実行して幸せを得よう」と続けている。すなわち、「店員は与えられた義務を確実に実行し、礼儀を正しくし、真の勇気をもって商売人に徹し、品質を吟味し、デザインの良し悪しを調べ、選択に注意して、信用を失うような商売は決して行ってはならず、薄利公益という商人の行うべき正しい道を行うために、常に質素な生活を心がけなければいけない」と記している。そしてこの「三つの大綱と五つの規則を誠意をもって行えば、商人としての成功は間違いない」と言っているのである。これは今日でも十分通用する立派な商売の原理原則である。

礎すえて

こうして、大正二年二月五日に「店憲三綱五則」を定めた丹治は、その翌三月に、次のような「家婦一代義務之記」をつくり、五月二十七日に八木千代市を婿に迎える次女愛子に与えた。この教えは大正十四年七月に千代市が田中智学師に添え書きを依頼したことによって、小菅家一門の家訓ということになった。

「家婦一代義務之記」

一　夫を自分の大黒柱ときめ、夫への内助のために身命をささげておしまないこと
一　父母に孝養をつくそうと思うなら、六親等まで大切にすること。父母の親、夫の親とその親、叔父伯母とその親など、すべて長老の親属たちを慰めいたわり、よい行いをすること
一　親族間の調和をはかり、できるだけ不公平のないよう、平等かつ誠意をもって応対すべきこと
一　雇い人は我が子と同じように扱うこと。ねじけた悪い心の者は正しく導き、それでもなお良くならない者は捨て置くこと

右のことは、妻としての生涯の義務である。よくこれを守り行う者は、孝女のかがみである。この教えは各子孫がゆずりおくるようにすべきである。

大正二年三月　父が考えて記した事

愛子に授ける

後に田中智学師が、次のようにこの家訓に添え書きをした。

右の小菅翁が娘に残した遺訓は、その言葉でもって、その意図する所を充分言いつくしている。翁は、私の宗門に帰依した正義の男である。そういうわけで、そのあらわす意味も仏の説いた真正の教えにかなっている。まことに一門の手本、子孫の宝として、うやまい守るべき、いつくしみの教えである。

大正十四年七月吉日

小菅千代市の話によって一言を加え、一家一門におよぶ教えとする。

獅子王道人　　印

こうして次代へ継承すべき理念をまとめ上げ、店内外に徹底した丹治は、思いも新たに新規事業に着手した。

その一つが、通信販売の強化である。丹治は以前から通信販売を行っていたが、大正二年に思いついたのが生地見本つきカタログ「呉服の伝手《つて》」の発行である。この当時、地方の銀行、清酒醸造元、米穀・肥料商、木材・薪炭問屋、料亭、旅館などが使う風呂敷、手拭、タオル、印半纏などの量は莫大であった。それを立証している資料を前に、丹治の思いは創業時へとさまよっていった。あれは妻と二人きりで、どうやって新規のお客さまを開拓しようかと知恵を絞っている時のことであった。

「それなら貴方《あなた》、商店のお仕着せや印半纏《しるしばんてん》とか、季節に沢山くばるご挨拶用手拭は屋号と店章を入れてるわよね。印入りって、一度注文をいただければ後々まで御注文いただけるんじゃなかったかしら」

そうだった。この妻の一言がヒントだった。丹治は、神田佐久間町一帯の米問屋、薪炭問屋、材木問屋を一軒一軒訪ねてまわったことを思い浮かべた。あの開店挨拶が最初の固定客獲得につながったのだ。この資料に示されているように、あのような問屋需要は地方にもある。ましてや呉服の需要は未開拓だ。これを放っておく手はない。うちとしても、まだ組織的に開拓の手を差しのべてない顧客層ではないか。問屋として名が知れわたっている家々は、地元の名士でもある。呉服需要の無いわけがない。きっと待っている筈だ。

丹治は、これ等の顧客を対象に呉服の通信販売を行おうと、地方の名士五千軒を選んで「呉服の伝手《つて》」を送った。当然のことではあったが、この案内文には丹治の品揃え方針が強く打ち出されることになった。

『呉服《ごふく》の伝手《つて》

専門業《せんもんぎょう》の徳《とく》

餅《もち》は餅屋《もちや》と申しますように、物事にはそれぞれの専門があります。ですから、お買物は、どうしても専門の店でなければ御用がたりません。ことに呉服などのように高額になりますものは、出来るかぎりの種類を揃えたり、間違いなくお気に召す品をお選びする上で、専門店はそれが専門なだけに、深くくわしく研究が行き届いて、普通の店よりはずっと進んでいるという特色があります。

あのデパートメントストア風の商店は、単にあらゆる物を集めるというのが主になっておりますから、確かに、店の品数は何千万という数に上《のぼ》りましょう。けれども、買う側のお客様の立場からいえば、何千万どころか、お気に召した品が一つ有りさえすればよいのでございます。ところが、餅も酒も一緒に扱っておりましたのでは、そのお気に召す品を見つけるということがなかなかむずかしゅうございます。まして御ひいきにして下さる方は幾万というお客様ですから、呉服店としてやっていくからには、その大勢のお客様方、どなたにもお気に召す品をよく研究し、広く深く品揃えして専門店の特色を発揮するだけの覚悟が必要です。手前どもの店は、この覚悟で、この目的に近づくよう、店主店員一同、ただそのことだけに精力を集中し、粉骨砕身《ふんこつさいしん》しております。こういったことを見識あるお客様方にご記憶いただきたく、心からお願いする次第でございます』

伊勢丹呉服店が、「帯の伊勢丹」「模様の伊勢丹」の名声に甘んずることなく、呉服専門店として常に努力を続けていることを表明した案内文である。この生地見本付きの通販カタログは大反響を呼び、照会注文が殺到して、通信販売係を新設して整理に当たらねばならないほどであった。

こうして大正二年を通販の大成功で締めくくった丹治は、大正三年に入ると、東京十五区の得意先増加に応えて、外商係を三係増設して全部で十二係の体制に強化すると、同年三月、大正天皇の即位を記念して上野公園と不忍の池畔で開催された「東京大正博覧会」に新構想の陳列様式で参加、入場者の目を奪った。

丹治は、この頃から胃に不快感を感じるようになっていたが、商売への情熱は一向に衰えず、「都新聞」などの演芸・花柳界方面の記事を担当していた大衆小説家の平山蘆江を編集顧問にして、機関誌「装」の発刊を計画、夏冬数千部を地方顧客の需要掘り起こしに発送する計画を推し進めていた。この計画は大正五年に入って実現されるのだが、丹治は大正四年九月、胃癌と診断され、以後治療に努めたが、ついに大正五年二月二十五日に世を去った。五十八歳であった。

大正五年三月三日、谷中斎場における丹治の葬儀は、田中智学師の大成された本化妙宗《ほんけみょうしゅう》によって厳かなうちにも盛大に執り行われた。当日は直衣姿《なおしすがた》の本化妙宗講師が妙法蓮華経を唱えて先導するなか、遺骸は斎場に向けて神田旅籠町二丁目の伊勢丹呉服店を午後一時に出発、行列は丹治を偲ぶ多くの人々がつきしたがい、先頭が本郷三丁目に差し掛かっても、後尾は店の門を出切らぬほどであった。谷中斎場での会葬者は三千名を超え、贈られた生花造花は百対にのぼった。弔詞弔電が相次ぐなか、丹治と親交のあった歌人の佐々木信綱文学博士は、次の歌をよんで霊前にささげた。

小菅丹治君をいたみて　　　　佐々木信綱

うごきなき　礎すえて　よき教へ
　子らに残して　ゆきし君かも

そのとおりであった。「店憲三綱五則」は商人の心得として、「家婦一代義務之記」は妻たるものの心得として、どれをとっても良き教えである。しかし小菅丹治が残した最大のものは、国家主義、日蓮主義、家族主義にもとづいて、生涯を通じて実践した忠実服業の歩みではなかっただろうか。丹治における国家主義は、「商業こそ国運発展の一大要素であり、また、一番の近道であるから、商人は国の栄枯盛衰にかかわっているという自負をもって、人の二倍働くのだ」ということであり、そしてその裏支えとして、帰依していた日蓮主義によって「自分は必ず成功する。必ずやりぬくんだという非常に強い信念を持っていた」ことである。そしてその実行を店員達にせまる時、それは家族主義としての「平等」となり、「和」と、真の和から生まれる「力」となって、二間間口の小呉服店から、一代で東京五大呉服店の一つにまで急成長させる原動力となった。

こうして初代小菅丹治の事績をたどってみると、あらためて初代丹治の偉大さが浮かび上がってくる。商人にとって片時も忘れてはならない「忠実服業」「顧客第一」「良品廉価」

「共存共栄」の精神を生涯つらぬきとおした初代小菅丹治こそ、たぐいまれな紳商と言うべきであろう。初代丹治の公正な人柄、たゆまぬ努力、敬祖の念、国家への感謝、それらを如実に示す遺訓を紹介して筆をおくことにする。

初代小菅丹治遺訓二首

親は家　夫婦は柱　子は建具
　むつまじくせば　千代も栄えむ

国の為　国のさかえを　はかる哉
　千代万代の民　こころあはせて

初代小菅丹治の遺骨は東京日暮里の本行寺に葬られた。戒名は「興隆院謙昌日久善男子」である。

あとがき

日本の百貨店は、創業以来、欧米のデパートメントストアの影響をたくさん受けて発展してきた。しかも、単なる小売業としての枠を超えて、日本独特のファッション文化の発信基地となり、人々の暮らしをより高め、より豊かにする役割を果たしてきた。従って、日本の近代文化、特に都市文化を考えたとき、百貨店の果たしてきた役割は実に大きい。その百貨店の中で、呉服店系の百貨店としては比較的歴史の浅い伊勢丹が、短期間のうちに日本を代表する百貨店の一つにまで成長し得たのは何故なのか、そのあたりのところを探ってみようとして書き始めたのが本書である。

私は、伊勢丹百貨店が今日のように「ファッションの伊勢丹」として広く認められるようになるまでには、三人の小菅丹治が必要であったと考えている。それは、創業者として店の在《あ》り方を決定づけた初代小菅丹治、関東大震災の瓦礫の山から再度伊勢丹を甦《よみがえ》らせて百貨店化した二代小菅丹治、欧米のマーチャンダイジング手法を導入してファッションの伊勢丹の扉を開いた三代小菅丹治である。

ちなみに初代小菅丹治は、私が伊勢丹百貨店入社後の社内教育で知り得た人物で、創業当時の苦闘と商売上の創意工夫を知り、深く関心を持った人物である。また、二代小菅丹治の遺稿集によっても更にその人となりを知り得た。二代小菅丹治は、私の入社面接者で、逝去後の伝記作成資料収集の事務局の一員として、又、著者との連絡窓口を私がすることによって、第二の創業者ともいえる苦難の歩みを深く知り得た人物である。三代小菅丹治は、私が秘書課の一員として、また広報担当の秘書として、前後二回、九年間にわたって身近に仕える機会があった当時の社長である。そういうわけで、私はこの三人の小菅丹治の生涯を、伊勢丹定年後の趣味として、事実にもとづいてまとめてみることを思いたった。そして確認できる事実を少しずつ書きためて、三人の事績を「私の小菅丹治　伊勢丹の経営理念」としてまとめあげたのが二〇〇六年一月二十五日のことであった。しかし、読みかえしてみると、「この事実は、この資料とこの資料を突き合わせ、こういう理由でこう判断し、こう結論づけた」という説明が長すぎて面白味がない。そこで四月二十一日になって一念発起、再度、書き直すことにした。その第一部が本書である。小説風に書いてあるが、あくまでも史実に基づいたものであることをお断りしておく。

とりあえず初代小菅丹治の部分を書き直して思うことは、かつて同じ伊勢丹に在職しておりながら、なぜ、当時のことを知っておられた諸先輩方にもっと話を聴いておかなかったのか、という悔恨ばかりである。そうしてさえおれば、もう少し厚みのある初代小菅丹治像を描き得たかもしれないと思うと残念でたまらない。とはいえ、初代小菅丹治が若くして商業に志し、忠実服業三十年、今日の「伊勢丹商法」の原形、なかんずく「伊勢丹マーチャンダイジング」の基礎となるものを築きあげた人物であることを確認し得たことは幸いであった。初代小菅丹治の教えが百年以上経過した今も、「ファッションの伊勢丹」の中に脈々と受け継がれ、生かされていることを喜びながら筆をおくことにする。

なお、文章についてアドバイス下さった先輩本間浩氏と何度も原稿書き直しに協力して下さった田中美子氏の御二方に、この場をお借りして心からの御礼を申し上げる。

平成二十八年十月

著者しるす

参考資料

1 「国柱新聞」 国柱会
2 「日本百貨店新聞」 百貨店新聞社
3 「百貨店新聞」 百貨店新聞社
4 「百貨店新報」 百貨店新報社
5 「デパート新聞」 デパート新聞社
6 「デパートニューズ」 デパートニューズ社
7 「百貨店タイムズ」 百貨店タイムズ社
8 「社報いたせん」 伊勢丹広報文書担当編
9 「社報いたせん 管理者用」 伊勢丹広報文書担当編
10 「伊勢丹」 関宗次郎編 デパスト社

11　「大伊勢丹（全館完成記念）」　狩野弘一編　百貨店新聞社
12　「伊勢丹七十五年のあゆみ」　菱山辰一著　伊勢丹
13　「商道ひとすじ――伊勢丹・小菅丹治の生涯」　池田潔監修　長沼皎平著　産業研究所
14　「伊勢丹百年史」　伊勢丹広報担当社史編纂事務局編　伊勢丹
15　「創業者　小菅丹治」　土屋喬雄著　伊勢丹
16　「二代小菅丹治伝記資料集　第一巻～第五巻」　伊勢丹企画部編
17　「二代　小菅丹治　上・下」　土屋喬雄著　伊勢丹
18　「想いだすままに」　小菅振作著　私家本
19　「続　想いだすままに」　小菅振作著　メイセイ
20　「こんなもんだった――丁稚の知恵袋」　安田丈一著　文化出版局
21　「見たり聞いたり憶い出の記」　斉藤信義著　ショーワ
22　「続　日本経営理念史――明治・大正・昭和の経営理念」　土屋喬雄著　日本経済新聞社
23　「本郷区史」　本郷区役所　臨川書店
24　「千代田区史」　千代田区役所

25　「神田区史」　中村薫著　神田公論社
26　「神田文化史」　中村薫著　秀峰閣
27　「湯島一丁目と附近の今昔誌」　小野桂編　本郷区湯島一丁目町会
28　「地籍台帳・地籍地図［東京］（全七巻）」　地図資料編纂会編　柏書房
29　「東京商人録」　大日本商人禄社
30　「姫百合」　伊勢屋呉服店
31　「暖簾の研究」　高瀬荘太郎著　森山書店
32　「田中智学先生略伝」（改定）　田中芳谷著　獅子王文庫
33　「日本近代と日蓮主義」　講座日蓮4　監修　坂本日深　編集　田村芳朗・宮崎英修　春秋社
34　「江戸・東京を造った人々――文化のクリエーターたち」　「東京人」編集室編　都市出版株式会社
35　「よみがえる明治の東京――東京十五区写真集――」　玉井哲雄編集　石黒敬章企画　角川書店
36　「神田まちなみ沿革図集」　企画・編集ＫＡＮＤＡルネサンス出版部　第一書林

帯の伊勢丹　模様の伊勢丹

37「明治中初五千分ノ一　東京実測図復原」　人文社
38「古地図」（明治三十六年東京十五分図）　古地図史料出版株式会社
39「北海道の歴史」　田端宏・桑原真人・船津功・関口明著　山川出版社
40「文物の街道　I」　泉秀樹著　恒文社
41「明治天皇御製　教育勅語　謹解」　明治神宮
42「明治天皇のみことのり」　明治神宮編
43「松屋百年史」　松屋
44「白木屋三百年史」　白木屋
45「三越のあゆみ」　三越
46「三越講演集　第一輯」　三越石垣会
47「高島屋百年史」　高島屋
48「松坂屋５０年史」　松坂屋
49「大丸二百五拾年史」　大丸
50「水戸の風俗と伊勢甚の歴史」　伊勢甚百貨店
51「百貨店の誕生」　初田亨著　三省堂選書

52 「百貨店の『文化誌』」　宮野力哉著　日本経済新聞社
53 「百貨店の文化史――日本消費革命」　山本武利・西沢保編　世界思想社
54 「百貨店一夕話」　濱田四郎著　日本電報通信社
55 「百貨店ものがたり　先達の教えにみる商いの心」　飛田健彦著　国書刊行会
56 「商人群像」　武野要子著　黎明出版
57 「明治の東京商人群像」　白石孝著　文眞堂
58 「商人（あきんど）の時代」　島武史著　柏書房
59 「商売繁盛大鑑　日本の企業経営理念」　同朋舎出版
60 「老舗の家訓と家業経営」　足立政男著　広池学園事業部
61 「新商人訓」　安積得也著　朝日新聞社
62 「日本人　数のしきたり」　飯倉晴武編著　青春新書
63 「流行歌・明治大正史」　添田唖蝉坊著　刀木書房
64 「演歌の明治大正史」　添田唖蝉坊・添田知道著　刀木書房
65 「国史大辞典」　国史大辞典編集委員会編　吉川弘文館
66 「日本史小辞典」（新版）　日本史広辞典編集委員会編　山川出版社

67　「近代日本総合年表」　岩波書店
68　「江戸東京学事典」　三省堂
69　「最新きもの用語辞典」　文化出版局編　文化出版局
70　「桃山・江戸のファッションリーダー」　森理恵著　塙書房
71　「近代日本食文化年表」　小菅桂子著　雄山閣
72　「明治百年――日本文化のあゆみ」　毎日新聞社会部編　筑摩書房
73　「物価の世相１００年」　岩崎爾郎著　読売新聞社
74　「日本経済の二千年」　太田愛之・川口浩・藤井信幸著　勁草書房
75　「図節日本庶民生活史」　奈良本辰也編　河出書房新社
76　「東京庶民生活史研究」　小木新造著　日本放送出版協会
77　「東京の地理がわかる事典」　鈴木理生編著　日本実業出版社
78　「東京の橋――生きている江戸の歴史――」　石川悌二著　新人物往来社
79　「巨大都市江戸が和食をつくった」　渡辺善次郎著　㈳農山漁村文化協会
80　「東京史蹟見物」　藪野杢兵衛著　中興館書店・誠文堂書店
81　「一〇〇年前の東京⑴　東京繁昌記　明治前期編」　マール社編集部編　マール社

82　「図説江戸３　町屋と町人の暮らし」　平井聖監修　学習研究社
83　「寺子屋の〈なるほど!!〉」　江戸教育事情研究会　ヤマハミュージックメディア
84　「江戸の教育力」　高橋敏著　ちくま新書
85　「太陽コレクション８　かわら版・新聞　江戸・明治三百事件Ⅳ　オッペケペ節から乃木希典殉死」　平凡社
86　「太陽コレクション12　士農工商　仕事と暮らし江戸・明治Ⅳ　商人」　平凡社
87　「千代田グラフィティ」　日本電信電話株式会社　東京千代田支社監修　㈱アド・シンク発行
88　「明治東京逸聞史」　森銑三著　平凡社
89　「明治大正見聞史」　生方敏郎著　中公文庫
90　「明治大正文学史」　吉田精一著　角川文庫
91　「東京の三十年」　田山花袋著　岩波文庫
92　「東京の志にせ」　池田彌三郎編　アドファイブ出版局
93　「江戸っ子神田っ子――かたろう物語」　森田雅子著　錦正社
94　「幕末維新回顧談」　高村光雲著　岩波文庫

帯の伊勢丹　模様の伊勢丹

95　「風雲回顧録」　岡本柳之助著　平井晩村編　中公文庫

96　「古今和歌集」　岩波文庫

97　「新潮古典文学アルバム　4　古今和歌集」　小町谷照彦・田久保英夫編著　新潮社

98　「名妓の資格　細書・新橋夜咄」　岩下尚史著　雄山閣

99　「芸者論　神々に扮することを忘れた日本人」　岩下尚史著

100　「閉店時間」　有吉佐知子著　講談社

101　「歴史と名将——戦史に見るリーダーシップの条件——」　山梨勝之進著　毎日新聞社

飛田健彦（ひだ・たけひこ）

1937年　千葉県松戸市に生まれる。
1960年　成蹊大学政治経済学部卒業。同年㈱伊勢丹入社、企画部広報文書係長、教育課長、秘書室広報文書課長、吉祥寺店次長、秘書室広報文書部長、浦和店外商部長、㈱イセタンモーターズ社長。
1997年　㈱伊勢丹退職。
現　在　日本経営理念史研究所所長。㈳日本販売士協会登録講師。
著　書　『百貨店ものがたり』、『山本宗二の商人道語録』、『山中鏆の商人道語録』、『百貨店とは』（国書刊行会）

帯《おび》の伊勢丹《いせたん》　模様《もよう》の伊勢丹《いせたん》
ファッションの伊勢丹創業者・初代小菅丹治

2016年12月15日　初版第一刷発行

著　者　飛《ひ》　田《だ》　健《たけ》　彦《ひこ》
発行者　佐　藤　今　朝　夫

装幀　金子歩未（有限会社ハイヴ）
写真提供　株式会社三越伊勢丹

〒174-0056 東京都板橋区志村１-13-15
発行所　株式会社　国 書 刊 行 会
TEL.03(5970)7421(代表)　FAX.03(5970)7427
http://www.kokusho.co.jp

落丁本・乱丁本はお取替いたします。　印刷・㈱エーヴィスシステムズ　製本・㈱村上製本所
ISBN978-4-336-06106-5